U0309554

新时代〈职场〉新技能

新媒体写作创富

理白 —— 著

清华大学出版社
北京

内 容 简 介

如何靠写作实现长久稳定的多渠道创收，几乎是每一个自媒体人都思考过的问题。本书是一本以赢利为核心目标，从快速入门到多渠道打造个人IP的"全流程"指导书。

基于这一目标，本书作者以自身经历为例，从写作入门、写作精进、多平台运营、个人IP打造等方面全面分析自媒体人发展的方向。作者认为，作为以写作为核心能力的自媒体人，想要依靠写作产生持续价值，需要不断深挖和宣传个人品牌，将粉丝转化成超级客户。

读完本书你会明白，在互联网时代，自媒体人该如何铸造自身堡垒，产生持续且长久的影响力，实现写作创富。

本书封面贴有清华大学出版社防伪标签，无标签者不得销售。

版权所有，侵权必究。举报：010-62782989，beiqinquan@tup.tsinghua.edu.cn。

图书在版编目（CIP）数据

新媒体写作创富 / 理白著. —北京：清华大学出版社，2024.6 (2024.11重印)
（新时代·职场新技能）
ISBN 978-7-302-65468-1

Ⅰ.①新… Ⅱ.①理… Ⅲ.①传播媒介－文书－写作 Ⅳ.①G206.2

中国国家版本馆 CIP 数据核字（2024）第 044640 号

责任编辑：刘 洋
封面设计：徐 超
版式设计：张 姿
责任校对：王荣静
责任印制：杨 艳

出版发行：清华大学出版社
　　　网　　　址：https://www.tup.com.cn，https://www.wqxuetang.com
　　　地　　　址：北京清华大学学研大厦 A 座　　　邮　　编：100084
　　　社 总 机：010-83470000　　　邮　　购：010-62786544
　　　投稿与读者服务：010-62776969，c-service@tup.tsinghua.edu.cn
　　　质 量 反 馈：010-62772015，zhiliang@tup.tsinghua.edu.cn
印 装 者：大厂回族自治县彩虹印刷有限公司
经　　销：全国新华书店
开　　本：170mm×240mm　　　印　张：15.5　　　字　数：230 千字
版　　次：2024 年 6 月第 1 版　　　印　次：2024 年 11 月第 4 次印刷
定　　价：79.00 元

产品编号：097723-01

借助写作的杠杆，撬动更大的世界

在认识理白六年多的时间里，有幸见证了他在新媒体写作路上的从"0"到"1"，而后又见证他借用写作这个杠杆撬动更多的机会，真正从"1"走向无限大。

理白是个自我要求特别高的人。初学写作时，他曾创下两个月完稿19篇的纪录；一篇赶时效的人物稿修改数次，若换成别人早就苦不堪言，他却在熬夜改稿后戏言一句"扶我起来，我还能改"。你可以将之理解为高手的幽默，但身为写作老师，我太了解这种不服输的态度背后有着怎样的心酸。短时高效的强压节奏，数易其稿的精神折磨，饮食和作息紊乱的身体消耗，这些都是他向人呈现"完美"的代价。

要么不做，要么做到最好，这样的完美情结会让当事人不断提高自己的目标，为了向人们呈现更优秀的答卷而不断地"卷"自己。优秀是无止境的，他们对自己的鞭策也是无止境的。我不确定理白在这个过程中是否感到过疲惫，但我确定的是，作为他的合作伙伴，是无比轻松的，因为他总是能提供足够周到的执行方案。作为他的读者，你也尽可以放心，这本书呈现出来的，绝对是他最好的水平。

理白曾是我的亲密战友，我们一起在线上辅导写作班学员，一起共事三年多。无论是理论输出还是学员辅导，他都表现得足够专业且对他人毫无保留。这本书从我们共事期间开始策划，因为种种原因耽误到现在。也幸好是现在出版，让大家看到了更加丰富、更加与时俱进的内容。进入个人IP（Intellectual Property，知识产权）领域后，理白将自己的写作优势转化为强有力的商业武器，开辟出更广阔的天地，这一阶段的经验也为本书增添了特殊的"含金量"。

在写作这条路上，理白有自己的初心。当初那个意气风发的少年怀揣着文字梦想从写手圈出发，一路向前奔跑，某一天驻足回望，却发现自己已经远远超越了当初所能想到的最远的地方，这是多么神奇的一件事。写作这个起点于他而言也意义非凡，我想这也是他邀请我为本书写序的一个重要原因。

我和理白都是通过写作改变命运的人，我从业余写作转为专职写作，已然觉得开辟了新的天地；理白更甚，他把写作技巧运用到各个领域，将自己的IP价值无限放大，赢得了更多的商业机遇。我们身边也有许多通过新媒体写作改变人生轨迹的同行朋友。新媒体给素人提供了太多机会，学会用适当的技巧表达自己，是时代赋予普通人的机遇。

无论未来如何变化，写作能力始终是最基础的表达能力，是我们提升自己的重要方式。愿看完此书的你不仅能收获写作技巧，也能够像理白一样，通过写作打开另一个世界。

田青青　皓然成长创始人

前言
PREFACE

为什么要学习写作？在如今的社会环境下，普通人改变命运，抓住时代红利的机遇的情况越来越少。然而随着互联网时代的到来，自媒体快速崛起和发展，有一部分人没人脉、没背景，仅靠一台笔记本电脑就实现了财务自由。2015年11月，作者理白开始接触自媒体，凭借着一股冲劲写出了阅读量10多万次、100多万次的原创爆文；从零基础开始学习平台运营，在微信公众号、小红书、知乎等多平台迅速崛起，全网积累了20多万粉丝；在这之后作者又通过打造个人IP获得了多渠道收入，副业收入超过主业收入20倍不止。

基于多年的自媒体写作经验，作者总结了一套靠写作实现收入暴增的理论。希望能让更多普通人学会写作，了解写作赢利的多种途径，通过写作过上理想的生活。如何"从0到1"掌握写作技能，实现多渠道赢利？这本《新媒体写作创富》给出了很好的答案，而你需要做的就是跟着书中的方法马上行动，寻找适合自己的写作领域、掌握多媒体平台运营技巧、运用多种途径赢利方法，找到适合自己的个人IP之路。本书内容均经过作者本人及其学员实践验证，并辅以丰富的写作案例，能够让读者在阅读本书的过程中更好地了解写作赢利甚至创富的途径。

目录
CONTENTS

+ + + + + + + + 第四章 + + + + + + + +

寻找逻辑"线"：提纲是基础

+ + + + + + + 第五章 + + + + + + +

完善内容"面"：素材是看点

+ + + + + + + 第六章 + + + + + + +

打造多面"体"：文章要打磨

+ + + + + + + + 第七章 + + + + + + + +

塑造吸睛"势"：标题要诱人

+ + + + + + + + 第八章 + + + + + + + +

写作赢利的"加法"：投稿的技巧

+ + + + + + + + 第九章 + + + + + + + +

写作赢利的"乘法"：多平台运营

+ + + + + + + + 第十章 + + + + + + + +

写作赢利的"减法"：个人IP的打造

+ + + + + + + + 第十一章 + + + + + + + +

写作赢利的"等号"：依托IP获价值

第 一 章

认识新媒体写作

在我的新媒体社群里，经常会有小伙伴问我类似的问题：

"理白老师，我想开始新媒体写作，但我不想写那些网上同质化严重的鸡汤文。"

"理白老师，我想尝试投稿赚钱，但我觉得很多爆文都好低俗啊。"

"理白老师，如果我做一个自媒体账号，只发自己喜欢的内容可以吗？"

……

诸多的问题汇总下来，我总结出了一个"虽然—但是"结构：虽然我想在新媒体领域分一杯羹，但我却对它非常不屑。

我能够理解，许多新媒体写作新手在刚刚接触这个行业的时候，会产生很强的"割裂感"。一方面是新媒体写作行业确实诞生了许多奇迹，从古早时代的和菜头、六神磊磊，到近几年的粥左罗、木汁、小声比比，靠自媒体写作暴富的案例比比皆是，让许多年轻人向往。另一方面是新媒体写作行业的确良莠不齐，一个又一个自媒体平台被封杀禁言，一批又一批作者陷入抄袭、洗稿风波，一篇又一篇爆文用相似的结构、同质化的语言煽动着大众的情绪……桩桩件件负面事件，让许多新媒体写作新手望而却步。

所以，我们将在第一章中，帮助大家系统了解新媒体写作的底层逻辑，破除思维的局限性，找到适合自己的写作方向，本章内容如图1-1所示。

图1-1　认识新媒体写作示意图

第一节
新媒体文与传统文学的区别

前段时间，我参加了一场"城市线下作者会"，出席会议的除了出版社的编辑、作协的作家、报社的记者，就是我们这群靠新媒体写作"出圈"的"写作门外汉"。

会上能明显感觉到，相当一部分传统文学作者对新媒体作者是有成见的。一般说来，就是写散文的瞧不起写励志文的，写小说的瞧不起写网文的，写社评的瞧不起写观点文的。但当聊到稿费收入的时候，许多新媒体作者又能扬眉吐气、滔滔不绝。有在知乎写小说，月入十万元的；有在头条写八卦，日入八千元的；有写公众号软文，单篇稿费两千元的……这些稿费，比起传统文学，让人眼红心热，但按其文学价值计算，又确实"德不配位"。

那么，新媒体文到底是一种怎样的文体？它为什么在当今时代展现出了"门槛低、收益高"的趋向？新媒体文在互联网上超量传播，到底是在振兴文学，还是在毁灭文学？

一、新媒体写作不靠"媒体"

新媒体文与传统文学不同，它们的传播载体不一样，这就注定了它们的传播方式不一样。它们的阅读群体不一样，这就注定了它们的表达方式不一样。传统文学依赖"媒体"，它们的传播需要通过杂志、广播、电视等固定的渠道，需要经历严谨的创作、编辑、校对等审核流程，媒体的每一次发布，都是一次自上而下的传播过程。

大家不妨回忆一下，2000 年前后，在互联网还没有现在这么发达的时期，我们了解文学作品，靠的是杂志的推广和新闻的宣传；我们认识作家，靠的是官媒的引导和出版社的出版发行；我们对一部作品耳熟能详，靠的是国内外的各类文学奖项和影视剧的改编。杂志、新闻、出版社、奖项、影视剧，这些载体聚合在一起，形成强大的合力，以自上而下的传播力，将一个观点、一篇文章、一位作者，系统传达至每一名读者，用媒体放大信息，送达千家万户。读者的选择权较为有限，社会的主流审美、主流价值、主流时尚、主流资讯，几乎都靠媒体定义。

但新媒体文的传播不一样，新媒体文的传播不靠"媒体"，更靠文章内容本身出圈。自媒体时代，文章内容早已脱离杂志、新闻、出版社、奖项、影视剧等的桎梏，有了更多新的载体：

比如微信公众号、今日头条等新媒体文字平台；

比如知乎、贴吧等新媒体问答平台；

比如小红书、可颂等新媒体种草平台；

比如抖音、快手等新媒体短视频平台；

比如网大、微电影、Vlog、口播等非影视剧视频形式；

比如微博热搜、知乎热榜、微信指数等热点发酵空间；

比如知势榜、新榜排名等流量展示通道；

……

可以说，随着互联网的崛起，新媒体传播变得高速、高效、高频，上午写完的文章，有可能下午就成为全网爆文；白天发布的视频，有可能晚上就获点赞量千万……一夜之间，一篇直戳痛点的文字可以迅速让一个新兴账号强势崛起；顷刻之间，一篇未经审核的内容也可以让一家公司陷入公关危机……

在遵守法律法规和行业规则的大前提下，新媒体行业让内容的传播变得更加扁平化；互联网的高速发展，让我们告别"自上而下"的传播模式，实现了"百花齐放，百家争鸣"。

自此，你有你的圈子，我有我的自留地，主流不再是绝对，媒体不再是唯一，新媒体行业让市场变得多元又有趣，这正好印证了微信公众号的口号：再小的个体，也有自己的品牌。

一个传播不靠渠道，而靠内容本身的时代，就是最好的时代。

二、新媒体写作不是"写作"

著名作家龙应台的《目送》[1]，开头四段话是这样写的：

华安上小学第一天，我和他手牵着手，穿过好几条街，到维多利亚小学。九月初，家家户户院子里的苹果和梨树都缀满了拳头大小的果子，枝丫因为负重而沉沉下垂，越出了树篱，钩到过路行人的头发。

很多很多的孩子，在操场上等候上课的第一声铃响。小小的手，圈在爸爸的、妈妈的手心里，怯怯的眼神，打量着周遭。他们是幼儿园的毕业生，但是他们还不知道一个定律：一件事情的毕业，永远是另一件事情的开启。

铃声一响，顿时人影错杂，奔往不同方向，但是在那么多穿梭纷乱的人群里，我无比清楚地看着自己孩子的背影——就好像在一百个婴儿同时哭声大作时，你仍旧能够准确听出自己那一个的位置。华安背着一个五颜六色的书包往前走，但是他不断地回头；好像穿越一条无边无际的时空长河，他的视线和我凝望的眼光隔空交会。

我看着他瘦小的背影消失在门里。

龙应台的写作功底体现在哪里？体现在细节里，体现在文字背后暗含的情感里，体现在意象里。

这样的文字表达，在传统文学中是出彩的，是吸引人的，是让人有沉浸感的。但如果我们要做新媒体写作表述，那这样的内容就不够短平快，不够"锤锤到肉"。换句话说，新媒体写作的重点不在"写作"，而在"信息表达"。所以，新媒体写作不需要用太多的信息和细节进行铺排，我们只需要用短平快的节奏，将故事表达清楚即可。

所以，《目送》的开头，在新媒体写作的语境中，很可能只有短短几句话：

今天是我带儿子上小学的第一天，他很害怕。

但看着他消失在校园尽头，目送他离开的我，更害怕。

如果说在传统文学中，《目送》这篇文章讲的是母亲意识到"自己终此

一生都将目送孩子与自己渐行渐远",那在新媒体文章中,这样的题材就更像是教会母亲"该如何面对与孩子的第一次分离",文章的标题也很可能不叫《目送》,而是叫《孩子第一天上学,妈妈一定要知道这4点,赢在起跑线》。

写到这里,大家应该看出来了,新媒体写作与传统文学写作截然不同,它放下了部分自我表达,更尊重市场规律;它减少了部分辞藻的堆叠,更注重信息的传递;它尽量避免铺排隐喻,更提倡直抒胸臆。

新媒体写作不是"写作",更像是一次价值传递,无论是传递干货价值、思维价值、情感价值还是情绪价值,归根到底文章内容要对读者有用。要么让读者学到、用到,要么让读者爽到、笑到。故而,写作新媒体文,要降低思维门槛,用技法上的短平快节奏,与自我表达取得平衡;其次,写作新媒体文,要具备产品思维,让自己像一名产品经理一样,对自己的文字精雕细琢,让文章内容深入人心。

第二节
新媒体写作的"前世今生"

很多人认为,新媒体写作是新时代的产物,是近几年发展起来的新鲜事物。实际上,新媒体文已经存在十几年了,它并不"新"。

一、新媒体元年

2003 年,新媒体这个概念第一次出现在世人面前,美国人提出的"we media"术语被引入国内,翻译过来是"我们每个个体的媒体",也就是"自媒体"。就在同年,一个叫作"淘宝"的购物平台火热上线,那时,新媒体与电商的联系还不像现在这样紧密，而是两个截然不同的赛道，一个在逐渐更换年轻人的社交模式，另一个在逐渐改变年轻人的购物习惯，两者没有多少交集。

如果说2003年只是新媒体在国民认知上的苗头，那被大多数人认可的"新媒体元年"，应该是2005年。这一年，"Blog"正式引入国内并开始在社会层面上被人熟知，大量的文字表达者涌入这个译作"博客"的新媒介，直到全盛时期，国内的博客数量达到1亿个，同时也涌现出大量的百万量级作品。

如果把2005年的博客视为新媒体的起点，那么2009年出现的微博因其强大的传播属性，迅速成为新媒体时代的第一个巅峰。建立博客还需要一定的知识储备，而微博的注册就更为容易，人人可做、人人能做，互联网应用终于不再小众，开始走向全民狂欢。彼时，一大批意见领袖占领各个领域的"山头"，比如包含娱乐、经济、科技、民生、科普等在内的各个领域，都有"大V"的身影。

二、图文时代

"大V当道""众星拱月"的日子仅持续了几年，就迅速被另一种"群雄并起""百花齐放"的局面所替代，这一切，都要归因于微信公众号。2011年，腾讯在拥有QQ这一社交软件的基础上，推出更"轻量级"的微信，在一年的时间内，微信App几乎战胜所有竞争对手，于2012年进入用户使用量暴增期，迅速成为国人社交的核心平台，同年8月23日，微信公众号平台正式上线。

微信公众号的诞生，宣告新媒体行业正式进入"图文时代"，可以说，现在的新媒体市场之所以拥有当今的重要地位，微信公众号占据一半原因。首先，随着移动互联网技术的崛起，人们越来越倾向于用手机代替电脑完成对资讯、信息的浏览，内容载体的变化，使得微信公众号逐渐取代博客这一必须依托电脑运营的平台；其次，微信从2011年开始获得的巨额流量，为微信公众号的运营提供了坚强后盾，内容接收者多了，内容发布者自然就跟着多了，内容生态也就形成了；最后，微信本身就是一个庞大的社交网络体系，当微信成为人们交流、互动、交友的第一平台，甚至是唯一平台时，其强大的分享互动体系就是最好的内容放大器。

2013 年，以小红书为核心的种草平台和以知乎为代表的问答平台等纷纷启航，一众 App 闻风而动，红利期有前有后，但风口悄然而来。敏锐感强的人，拉到了商务赞助，成立了个人工作室，有了广告资源，成了领域内关键意见领袖，逐步实现了财务自由。可以说，从 2013 年开始，就进入了新媒体行业的"黄金时代"，在风口期，只要按部就班地做，就能涨粉无数，少则月入过万元，多则年入千万元。这也恰恰再次印证了微信的口号：再小的个体，也有自己的品牌。

三、算法时代

如果说，以微信公众号为首的新媒体平台还处于社交传播阶段，那么横空出世的字节跳动真正把"算法"的力量推向了高潮。2014 年，随着新媒体的爆火，字节跳动开始大力推动"搜索引擎＋创作平台"发展，高薪聘请了众多曾供职于 Google、Meta、Twitter、YouTube 等大公司的算法工程师。不满足于图文赛道的字节跳动把视线聚焦到短视频领域，2014 年 12 月，头条视频（即西瓜视频）上线；2016 年 9 月，抖音上线；2017 年，海外版抖音——TikTok 登陆海外市场……2018 年，抖音在春节期间狂揽 3000 万次下载量，连续 16 天占据应用中心下载量的榜首，一跃成为中国短视频市场龙头 App。

同样，在 2011 年成立的快手，也用了近十年的时间探索，顺应智能手机及移动网络普及的浪潮，收获数亿用户，逐渐形成了"南抖音、北快手"的竞争格局。抖音的"记录美好生活"与快手的"记录生活记录你"的口号如出一辙，都在将内容生产"去中心化"，进一步建立"群星璀璨"格局。

基于算法诞生的短视频平台，成了"杀时间"的利器，也牢牢占据了用户的休闲时间和碎片化时间。因其内容碎片化、信息量足、表现力强、呈现形式够直观的特点，更被广告方所青睐。

四、新媒体的"变"与"不变"

从 2005 年的"新媒体元年"到如今的"算法时代"，新媒体行业跨过了十几个年头，这早已不是一个新兴行业，部分传媒类大学也专门设置了新媒体专业课。

新媒体写作并不"新"，虽然文字载体有变、传播方式有变、触达量级有变，但本质上都是信息的流通、内容的传播和价值的延续，都是对用户时间的占据，都是对信息的再处理、再加工。无论是图文领域还是视频领域，新媒体写作都需要掌握基本的写作技巧、写作范式、写作方法，都需要懂得基础的传播概念、传播方式、传播哲学。所以说，学习新媒体写作，是为了更好地应对多变的新媒体时代，是为了更好地在变幻莫测的市场上立足，这是成为合格新媒体人的必由之路。

第三节
新媒体文章的传播逻辑

在上一节中，我们了解了新媒体写作的"前世今生"，并通过与传统文学的对比，提出了"新媒体写作不靠媒体""新媒体写作不是写作""新媒体写作并不'新'"三个概念。可是，仅仅知道新媒体文"是什么"还不够，我们更需要知道，新媒体文"怎样才能写得好"。

我们已经知道，传统意义上的自上而下传播模式不适用于新媒体文，一篇爆款文章、一次热点事件，往往只需一颗火星，就能迅速传达至千家万户。但在这背后，有大量的新媒体文被埋没、被冷却，它们是没被更多人看见的作品。一篇爆款文章的背后，很可能是夜以继日的打磨；一篇出圈作品的阴影处，大概率是千百篇内容的沉寂。

为什么会出现这样的情况？什么样的新媒体作品是好作品？新媒体文想要传播，靠的到底是什么？新媒体作者想要出圈，还有机会吗？以上问题，本节内容将详细阐述。

一、决定打开率的两个要素

我们不妨设想一下：你是如何开始阅读一篇文章的？如果是买回来的书或杂志，人们普遍会从第一页开始逐字阅读。因为纸质书的特性是一眼望去，所有的内容均在眼前，所有重点一目了然。但手机阅读模式与其不同，我们对着几寸长的屏幕，在信息流之下，看到的只有被折叠后的"关键信息"。

最常出现的两种关键信息分别是标题和封面。对微信公众号来说，标题和封面各有侧重，在信息流内，如果是用户关注的博主，可以看到其完整的标题和封面；在朋友圈里，仅仅能看到好友转发文章的标题和小图；对小红书、B站、抖音等侧重画面的平台来说，封面信息的优势更为重要；对知乎、头条号、百家号这类侧重文字的平台来说，标题包含的信息量至关重要。

因为篇幅有限，所有的自媒体平台都不会把全部内容展示给读者，此时，标题和封面就是内容与读者见面的必要纽带。很多小伙伴会有认知误区，觉得自己只要文章写得好，就一定能拥有传播力。可朋友圈里那么多信息，凭什么要看这一条？订阅号里那么多推送文章，凭什么要看这一篇？传播率的基础是打开率，如果没有足够多的人对你的内容感兴趣，你的作品又凭什么被传播出去呢？

新媒体文在互联网上、在信息流中、在朋友圈里，往往只能展示一个封面、一个标题，而它们的好坏，直接影响了读者对文章的感兴趣程度。我的写作启蒙老师田青青，每次写完文章，都会初拟几十个备选标题，层层推敲、逐句打磨，耗时许久，最终才能敲定。她也一直告诉我们，一篇文章写下来，脑海里至少要飘过三四十个标题，至少要推敲十个以上你认为自己可以点开的标题，才算过关。

　　那么什么样的标题是好标题？是那些你看到后就有点开欲望的标题，是那些被广泛传播的爆款标题，爆款标题有三个标准，内容如图 1-2 所示。

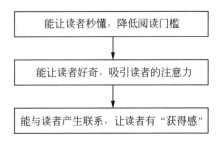

图1-2　爆款标题三标准

　　一是能让读者秒懂。很多作者写标题，喜欢凑对偶句、对仗句，看似工整押韵，实则词不达意；有的作者喜欢卖弄文辞，用专业术语包装标题，其实普通读者难以看懂。好的标题，永远只会降低阅读门槛，否则只能把读者推走。

　　二是能让读者好奇。对于新媒体写作来说，标题不是为了概括文章大意，不是为了总结文章全貌，标题只是一个钩子、一个引子、一把钥匙，是为了勾住读者的好奇心，是为了让读者产生期待感，是为了吸引读者的注意力，是为了让读者拿着这把"钥匙"去打开文章正文，寻找他想要的"答案"。

　　三是能与读者产生联系。一个好的标题，一定能让读者有"获得感"，即能让读者清晰地感知到，这篇文章与他有关。可以是他关注的热点、资讯，可以是他想学习的干货、知识，可以是与他有关的价值观、情绪。标题包含的信息量，决定了所吸引的受众类型，在价值层面，要能牢牢掌握读者的兴趣点和利益点；在情绪层面，要能精准捕捉读者的痛点、爽点、泪点、

痒点。

除了标题，封面所展示的信息也格外重要。特别是在小红书、B站、微信公众号、订阅号平台这样的"封面高曝光区域"，一个好的封面设计不仅能够画龙点睛，还可以化腐朽为神奇。封面上，必然会出现文字元素，而字体颜色的设计，结合爆款标题的三个标准，可以与传统标题打出很高的配合。除此之外，封面的背景设计、颜色倾向性、视觉效果，都要给读者最直观的视觉冲击，从而让人眼前一亮。

标题与封面，是决定打开率的两大核心要素，掌握了相应技巧（本书在第七章会手把手教大家如何起标题），才能事半功倍、所向披靡。

二、决定完读率的三道关卡

读者点开了你的标题，就一定代表你的文章具备传播力吗？

当然不是。文章的传播逻辑，更像是一个链条，"标题"只是其中非常重要的环节，要想成为真正有影响力、传播力的爆文，还有三道关卡要过，内容如图 1-3 所示。

图1-3 决定完读率的三道关卡

第一道关卡：开头

如果说，标题是读者对一篇新媒体文的第一印象，那么开头就是读者对新媒体文正文部分的第一印象，这是读者对文章最直观的判断依据。标题只有短短十几个字，所传达的信息量实在有限，但点开链接后，在一个正常尺寸的手机屏幕上，可以足足看到 2～3 段（10～15 行）的内容，这时，读者就会迅速做出一个判断：要不要继续阅读下去。

有的读者是被标题"骗进来"后发现题文不符的，有的文章是开头太过冗长让读者丧失耐心的，有的内容是说了半天都讲不清楚到底要说啥的，有的信息是过时的、老套的、说教的、无趣的……读者判断一篇文章到底有没有价值的速度是非常快的，读者舍弃阅读一篇文章的速度也是非常快的，如果做不到用短短几句话的开头吸引读者继续阅读，那读者的"弃文"，往往发生在这一时刻。

比如说，如果想要写一个和老公吵架的案例，就完全没必要在开头啰唆，先写吵架原因，再写恶劣后果。你可以在开篇的第一句话就写："我和老公大吵了一架，现在正在回娘家的路上。"

重要冲突、主要信息，要以短平快的方式提早呈现，你的开头才会有吸引力，读者才愿意静下心来，看你后文中的"前因后果"。

第二道关卡：素材

没有人喜欢听道理，大家更不喜欢在新媒体文中听道理。试想一下，忙碌了一天的你，得闲摸到了手机，点开微信公众号推送文章，通篇都是理论和说教，你会有心思、有精力继续阅读下去吗？

对绝大多数人来说，阅读新媒体文是为了放松、休闲的，不是来学知识的，就算是要学知识，也不会喜欢"说教式"的教法。所以，很多读者判断文章是否要读完的标准是看这篇文章读起来轻不轻松。

什么样的文章读起来是轻松的？一定是节奏快的、故事性强的、大道理少的、文风简约的……相比于空泛的理论，读者更喜欢接地气的表达；相比于说教的姿态，读者更喜欢真情实感的流露。

所以，我们表达观点时一定要基于素材，我们输出干货时一定要结合案例。一篇新媒体文选取素材的好坏，直接影响了读者的阅读体验。好的素材可以带动道理，感染读者，让读者兴致勃勃地完成文章主体部分的阅读。

第三道关卡：金句

一篇新媒体文想要出彩，金句必不可少。金句，顾名思义，就是一篇文章中的画龙点睛之语。古今中外的文学作品中都有金句，比如《滕王阁序》

中的"落霞与孤鹜齐飞，秋水共长天一色"，比如《双城记》[2]中的"这是一个最好的时代，也是一个最坏的时代"，比如《呐喊》[3]中的"不在沉默中爆发，就在沉默中灭亡"。金句，就是一篇新媒体文中的记忆点。标题是金句，才能激发读者好奇心；开头有金句，才能引发读者阅读兴趣；小标题是金句，能帮读者厘清逻辑关系；段落中有金句，能帮读者提炼重点……更重要的是，当文章接近尾声时，读者的情绪被调动到最大，如果在结尾处没有一两句金句收尾，一篇文章就显得头重脚轻、虎头蛇尾。

在结尾部分，漂亮的金句往往会起到一锤定音的作用，一是能再次提振读者的情绪，让读者一边"上头"一边完成"点赞—在看—留言—转发"操作；二是能给读者提供转发朋友圈的文案，节省读者的思考时间成本，给读者提供更多的分享动力。

三、决定传播率的四大关键

一篇好的新媒体文，靠标题提升打开率，靠开头、素材和金句提升完读率：

让读者对文章内容产生兴趣，靠的是标题；

引导读者快速进入阅读状态，靠的是开头；

吸引读者轻松完成正文阅读，靠的是素材；

调动读者分享欲望完成转发，靠的是金句。

以上是单篇文章基于内容本身的传播逻辑，而基于各个具体的平台，还需要兼顾决定传播率的四大关键，内容如图 1-4 所示。

一是用户存率。一篇内容的传播，需要基础用户。比如人民日报公众号发布一篇文章，哪怕只发一个标点符号，都可以轻松斩获 10 多万次阅读量；而一个只有 100 个粉丝的小号，哪怕发布内容质量再高，用户基数不大，也很难成为爆款。故而，相比于自己做号，写作投稿就是通过大平台的曝光，让自己拥有更多爆文，也让自己拥有了议价的底气。

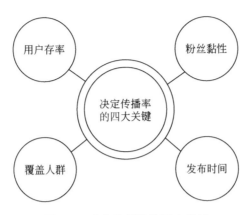

图1-4　决定传播率的四大关键

二是粉丝黏性。关注用户分两种，一种叫基础用户，另一种叫核心用户。基础用户不会每篇文章都点开看，不会每篇内容都去互动。而核心用户更像是"粉丝"，他们会对你本人有兴趣，对你的文章有期待、有互动，核心用户决定了你文章的黏性有多强。我们一直在强调的打造"个人IP"，就是在巩固自己的核心用户，当用户黏性提升了，传播力和影响力自然就变大了。

三是覆盖人群。财经、时政、职场类的内容，男性用户偏多；情感、八卦、亲子类的内容，女性用户偏多。这不是刻板印象，而是数据统计结果。在发布文章之前，就应该明确自己的用户画像，比如写上海就不能给北京人看，写婆媳关系就不能给"学生党"看，写校园恋爱就不能给中年男性看，写自媒体人就不能给务工人员看等。

四是发布时间。好内容，也需要好的发布时间。对热点文来说，越早发布，抢占"用户第一注意力"的可能性就越高；对节庆文来说，如果不在节日当天发布就毫无意义；对情感励志文来说，深夜发布更容易让读者产生共鸣；对日常文来说，晚上发布流量大但竞争激烈，白天发布竞争小但流量也少，需要做出取舍。需要结合内容和平台，仔细推敲发文时机。

参考书目

[1] 龙应台 . 目送 [M]. 北京：生活·读书·新知三联书店，2009.

[2] 狄更斯 . 双城记 [M]. 罗稷南，译 . 上海：上海译文出版社，1983.

[3] 鲁迅 . 鲁迅全集 [M]. 北京：人民文学出版社，2005.

第 二 章

写作前的准备

我进入新媒体写作行业8年，从事新媒体写作教学工作也有5年时间。这8年来，我见证了太多新媒体作者的"横空出世"，也目睹了太多新媒体作者的"泯然众人矣"。新媒体写作是一个门槛很低的行业，普通人只要有一张书桌、一支笔，甚至只有一部手机，就能从事新媒体写作，获得稿费。

短期内爆发的作者有很多，能长期坚持的作者却很少。有些作者不愿意持续深耕，走走停停，错过了自己写作的黄金时期；有些作者不愿意深入思考，只会写套路化的文章，最终被市场淘汰；有些作者不愿意走出舒适区，总在原地打转，很快就被同行甩开。我见过写作一个月就写出百万阅读量爆文的"天赋型"写作者，他们对文字极度敏感，对感情捕捉细腻，但伴随着他人的赞美和自我松懈，很快就后继乏力、黯然退场。我也教过积累了三四个月都不出成绩的学员，他们受限于自己的认知、学历或环境，却还是选择了努力深耕、持续精进，也许他们的进步比别人慢了些，但若是将时间轴拉长，这些一直在坚持的人走到了最后。他们有的成了各大平台的投稿大咖，有的成了拥有几十万粉丝的博主，有的成功出版了人生中的第一本书，有的拿到了大公司的主编录用通知，有的成为优秀的写作教练……

写作路上，从来都不缺"奇迹"，如何把"昙花一现"的奇迹转化为"细水长流"的绽放，是每一名写作者一生的修行。想要拥有持续写作的能力，不是取决于我们跑得多快，而是取决于我们跑了多久，要想跑得久，就需要早做打算、做足准备。本章就跟大家聊聊写作前的准备，内容如图2-1所示。

图2-1 写作前的准备示意图

第一节
确定写作目标：选择比努力更重要

提到写作，很多人都在强调一定要坚持；但我想告诉大家的是，在坚持之前，你必须先明确写作目标，这个目标决定着你的写作方向与写作质量，也是决定你能否坚持下去的关键。《高效能人士的七个习惯》[1] 中提到，"以终为始"的思考方式，能够帮助你更好地前行。由此可见，选择合适的写作目标，比埋头苦写更重要。想要做出最适合自己的选择，可以从以下三方面入手。

一、明确自己的写作动机

在正式开始写作之前，我们要先明确自己的写作动机。只有知道自己为什么要出发，才能更好地前行。不同的动机，对应着不同的赛道，也对应着不断激励你前进的动力来源。

从事新媒体写作的动机，无非有三种：为心、为利、为名（如图 2-2 所示）。

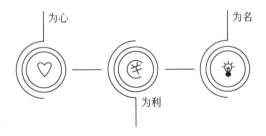

图2-2 新媒体写作的动机示意图

1. 先说"为心"

写作是一场自我救赎，可以把自己的所思所想，真情表达。每个人的人生都有顺境、逆境，每个人的生活也都有得意、失意，写作能成为我们记录生活的方式，亦能成为我们消解苦难的锦囊。当生命被记录，当苦难被回顾，我们就化解了一次次心灵危机，拥有了一个个宝贵的内容选题，积累了一篇篇漂亮的写作素材。

写作是一次自我整理，可以让自己有的放矢，按部就班。一个人要想不断总结教训、稳固经验、超越自我，必须依赖复盘。通过复盘，可以及时自省、反思不足、弥补缺憾。很多人用写作来记录时间、记录金钱、记录情绪，无论是通过日打卡、周复盘抑或是通过目标与关键成果法、番茄法，复盘永远需要载体，而文字便是最便捷、最高效的载体。

写作是一种自我提升，可以让自己厘清思路，丰满人生。通过新媒体写作训练，可以促使自己培养生活技能。选题能力的背后是"捕捉生活、以小见大"的能力，大纲能力的背后是"厘清逻辑、由点破面"的能力，素材能力的背后是"信息检索、取舍有度"的能力，美化能力的背后是"自我批判、优化革新"的能力。

选择"为心"的同学，可以坚持"我手写我心"。如果你只是为了情怀，无所谓能赚多少钱，也不管未来之路究竟如何，那就无须固定范式、无须规定章法，写日记、写散文、写故事，写一切自己喜欢的、让自己开心的文字，只要满足自己对写作本身的期待就好。

2. 再聊"为利"

一切商业行为，都有利可图。作家并不一定要清贫，通过发表自己的作品获取应得的稿费，无须质疑，更不需要为此感到羞耻。就拿作者本人举例：

2018 年 9 月，本人拜师学艺，理论知识学了一遍又一遍；

2018 年 10 月，感谢编辑知遇之恩，本人作品第一次上稿，单篇稿费100 元；

2018 年 11 月，创作进入高产期，一个月上稿 13 篇，稿费突破 3000 元；

2018 年 12 月，第一次接触文案写作，拿到了单个文案 1000 元的酬劳；

2019 年 1 月，文章被《人民日报》转载，第一篇阅读量 10 多万次的爆文出炉；

2019 年上半年，文章散见于《读者》《国学精粹与生活艺术》《视觉志》等杂志，创下了不少 10 万 + 爆文记录，有了约稿合作，不必为投稿发愁；

2019 年 6 月，顺利获得几个平台的邀约，担任其内容主编；

……

其实，选择以赚钱为导向的写作方向，训练起来更有针对性，只要瞄准高稿费的平台，找准高稿费的文案，铆足一股劲儿攻克一个个具体的关键点，就自然水到渠成。

3. 最后说"为名"

所谓名气，就是我们的个人 IP。人人都在说个人 IP，每个知识付费老师也都在教如何打造个人 IP——那什么是个人 IP？个人 IP，就是粉丝（读者）对博主（作者）认知的凝结，比如一提到六神磊磊很多人就能想到"读金庸"，一提到和菜头很多人就能想到"槽边往事"，等等。

因为某些才华或特色，经由互联网这一流量放大器的传播，被更多人所接纳的垂直属性凝结于个人身上，就叫作个人 IP。而通过写作获得名声的过程，就是在互联网世界打造个人 IP 的过程。

每位作者都希望自己的作品能像《滕王阁序》《哈姆雷特》《沁园春·雪》一样流芳百世，每位作者更希望自己的名字能像白居易、李清照、高尔基一样名垂千古。我们不一定能记住每朝每代的帝王将相、状元榜眼，但我们一定会记住因文字而熠熠生辉的文人墨客。

文字，因其自带的传播属性，所以容易传播，容易下沉，拥有水滴石穿的细微力量也能成就非凡的成就。如果你想拥有这样的力量，就可以以此为目标，穷尽一生去向往、去追求、去实现。

无论是为利、为名还是为心，都完全取决于个人选择，并无高低之分。但不同的选择，导致的是不同的写作方向。

比如，为利写作，需要计算的是"性价比"，要懂得识别市场，要能够分析行情，要选择高稿费的平台，要学会在规定时间内，以效率最高的方式，产出最有议价力的文章。

比如，为名写作，需要计算的是"长期性"，要懂得铺长线、布大局，不要在乎眼前的利益得失，而要看重长期利益。比如，要看重没有稿费的官媒平台，没有课时费的大平台曝光机会，没有多少版税的图书出版合作，等等。个人名气的提升，更能让自己拥有选择的权利。

还有学员经常问我："理白老师，我不会选择，怎么办？"没问题，成年人可以不做选择，可以"三个都要"！

我们需要情怀，内部动机可以让我们永远保持热爱；我们也需要功利，外部动机是我们保持热爱的养料，不然，你的热爱没有现实做依托，就只能是无根之水、无木之源。谁说"为心写作"与"功利化写作"就冲突了？谁说名利和情怀就不能双收了？谁说作家和富翁就一定是对立的？我们当然可以在抱有写作情怀、保有价值底线的前提下，尽可能多地修炼技法、提升文笔、挑战自我，实现三位一体的成功。

但是，如果你想"三个都要"，就必须付出比旁人至少多三倍的努力。想要名利与情怀双收，就得在各项技法、心法上都做到更胜一筹。你要既能表达自我，又能满足市场需求，这样的写作就像是"戴着镣铐跳舞，还要舞姿优美"，虽然艰难，但不代表不能起舞。毕竟即便是古代的诗人们在创作诗歌时，也必须遵守诗歌的格律，但他们仍能在此基础上创作出千古名句。与之相比，如今的我们，仅需在自我与世界之间寻得共性，这样的难度显然要低很多。更何况，我们所戴的"镣铐"，并非只是限制与束缚，只要你利用得当，它甚至能变成手中翻飞的彩带、脚上清脆的串铃，反而会为我们的舞姿添彩。至于具体怎么利用，就需要一定技巧。在接下来的章节中，我会结合多年写作经验，助你找到"起舞"的妙计。

二、找寻自己的内容定位

从我的 8 年写作经验及 5 年写作教学经验来看，大部分新媒体写作新手在写作初期，遇到的最大难题都是"不知道自己该写什么、能写什么"，大部分人会陷入"想写但不知道写什么"的困境中，这就是在内容定位上出现了偏差。但不用焦虑，因为所有作者都会经历这个"无话可说、无文可写"的阶段。等到写作后期，你就会发现自己的表达欲"爆棚"，甚至可能会出现有太多想写的内容却没时间写的状况。在本节中，我会教大家如何确定自己的内容定位。但在确定具体的内容定位前，我们需要先了解一下新媒体文的基本类型。

市面上常见的文章类型，按照不同的分类标准，主要分为以下四类。

按时间效应分类，可分为热点文、常规文。热点文指的是社会关注度高且热度较大的内容，如奥运会期间，全民都在关心比赛结果；如 2022 年火遍全网的董宇辉直播……常规文则属于老生常谈的文章，无话题热度要求，如亲子文中教育方式的分享等。

按虚构程度分类，可分为非虚构文、虚构文。顾名思义，非虚构文就是一切以现实元素为背景的写作文本。虚构文指的是作者发挥想象力，为概括地表现生活、塑造典型、突出主题而想象创作的文本。该分类方式常见于故事文写作。

按内容导向分类，可分为干货教程、人物故事、观点论述、情感表达。这种分类比较好理解，仅为表达内容功能性。

按目标人群分类，可分为情感类、亲子类、娱乐类、观点类、职场类等。这是根据读者的特点来进行分类，而不同类文章的读者可以有交叉重合。如看情感文的读者也会关注观点类、职场类文章。但对作者而言，每一类文章之间的差别还是比较大的，作者需要深耕一个领域，才容易做出成果。

我们做详细的读者分析，是为了细分领域定位。比如《婚姻与家庭杂志》主要定位是婚姻情感文，《凯叔讲故事》主要定位是亲子文，《不畏青年》主

要定位是成长文，《猫姐能量圈》主要定位是励志文，他们的读者已经形成了阅读习惯，所以对这些媒体会有特定的期待。当然，这也是当初他们能形成统一风格的原因。

做读者分析和细分领域定位就像一只锚，确定了新媒体写作的方向。也就是说，如果希望把自己当作一个媒体来打造，那么所有写作的内容都需要围绕这个方向。在定位上，要把握住细分领域。只有足够聚焦具体领域，才能产生足够的影响力。一篇文章必须有具体的指向，才能真正被读者认可。

那么该如何确定自己的内容定位？我们可以按以下三步梳理。

1. 判断自我优势

作为写作的主体，我们首先要做的是从自身出发，判断自己的优势。优势也可以理解为自己擅长的领域。比起完全陌生的写作方向，写作擅长的内容当然更有话说，写起来也会更顺畅。就拿我自己来举例，我上大学主攻医学专业，毕业后主业是医生。毋庸置疑，我最擅长的领域就是医学。所以我拿下的第一份主编邀约，是一个有着几十万粉丝的医学类科普账号。后来，随着写作能力的不断提升，更是和部分知名生物科技公司、药企、医学科普平台达成合作，获得四位数的稿费，并与其签订长期合作协议。

这里需要注意的是，优势并不等于爱好。比如我之前有一个学员，爱好是追星，她来学写作的目的，是想写自己偶像的人物稿。结果练习了三个月都没练出成绩。后来我劝她转型，结合她所擅长的育儿领域，着手写亲子文，结果第一篇稿就上了大号，取得了不错的成绩。

那么该如何找到自己的优势呢？你可以尝试在一张白纸上写出自己的五个擅长领域。对此做一定的排列组合，找出自己最想写、最擅长的三个领域，再深入发展。

2. 调研市场需求

说是调研，其实不用获得太具体的数据，只需要去看市面上各大领域的热门媒体都有哪些，也可以借助诸如西瓜、新榜等平台进行检索筛选。以微信公众号领域为例，观点文的代表性媒体有洞见、樊登读书等；亲子文的代表性媒体有凯叔讲故事、男孩派等；情感文的代表性媒体有十点读书、有书等。每个领域都有其对应的头部账号，我们只需要找到优势筛选的领域中，头部账号量较多的即可。本书建议尽量选热门且持久的领域，如亲子文、情感文、观点文等，都属于经久不衰的经典领域。

3. 探索热情所在

如果说前两步是为了更好地写作，那这一步就是为了长远地写作。想要将一件事旷日持久地坚持下去，热情是必不可少的要素之一。在开篇我们就提到过，不少作者都是写着写着就半途而废了，真正能坚持下来的寥寥无几。所以除了分析客观层面的自我优势及市场需求，探索你的热情所在也相当重要。

那么该如何判断自己究竟是三分钟热度，还是真正的热爱呢？试想一下，写作这件事情，你要坚持三年、五年，甚至是十年的时间孜孜不倦地在这个领域深耕，你会不会厌烦？是否还能坚持笔耕不辍？如果答案是肯定的，那么恭喜你，写作这个领域就是你的热爱所在。

归根结底，找准自己的内容定位，就是求好交集。如果将自身优势、市场需求、热情所在看成三个圆，那你的内容定位，就是这三个圆相交的部分，即"擅长＋市场（热门且持久的领域）＋热情＝定位"，内容如图 2-3 所示。

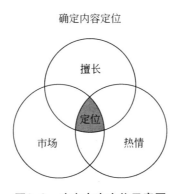

图2-3　确定内容定位示意图

写作是一个长期积累的过程，找准内容定位有利于我们在某一个细分领域形成自己的优势，刻意练习得多了，就会越写越好，越写越有深度，进而打造自己的写作堡垒。

三、平衡自我表达与市场需求

在明确写作动机，确定自己的内容定位后，接下来要面临的，是平衡自我表达与市场需求。即如何把自己的文字与市场结合起来，并将其价值化，在读者的需求和自己的表达欲望之间取得平衡，通过文字与读者产生良性互动。

就像大家不会无缘无故去关注一个微信公众号，总是在觉得它会为你带来些什么后才会去关注。比如说亲子号带给你育儿经验，励志号带给你成长的力量，读书号带给你充实的精神滋养，情感号带给你更明确的心理指引等。

每一位作者都有机会成为这种为读者带来价值的人，当你不断为读者带来价值，读者也会回馈于你，比如给你评论、点赞、转发，甚至会告诉你，你的文章带给了他力量，我有一位读者朋友还给我写过手写信。这样的正面反馈，会不断提升作者的价值感，进而激发作者的创作欲，从而形成一个良性循环。

在自我表达与市场需求中取得平衡，是一种能力，更是一种实力，我们需要给自己做好未来三到五年的规划，确定自己的写作动机与自身内容定位。唯有目标明确，才能在前行的过程中，不被"乱花"迷了眼。

四、动态规划写作路径

在我的写作教学生涯中，写作初学者经常会有这样那样的焦虑。有人是看到别人发表了文章，而自己写不出来很焦虑；有人则觉得越学越没劲，这些焦虑都很正常。大家起跑线不一样，生活阅历不一样，认知水平也不一样，这种差距不是半个月、一个月导致的，是别人之前的积累你没看到。就拿我本人来说，别人眼里的我边玩边赚钱，实际上，在此背后，我付出了千倍万倍的努力。因为有了近十年的积累，才有了大家看到的我。

写作这条路很长，想要走得更远，就得对自己更有耐心一些。也许你刚开始没能成功发表文章，有点泄气，没关系；也许你看到别人写的文章顺利发表，有点着急，也没关系。写作不是一天两天就能取得收益的，它是一项需要长期积累的技能。所有的横空出世背后都是日积月累，也许别人积累得多一点，碰到老师点化，马上就突飞猛进了。我们根本不必去跟别人比，只要我们每个阶段都有新的收获，就是好的。只要我们今天比昨天有进步，这个星期比上个星期有进步，这个月比上个月有进步，自然就会越来越靠近自己的理想。

这种一直处于成长中、不断前进的状态，就是写作中最理想的状态。希望大家不管现在处于什么水平，都能把它当成新的起点。要相信，如果选择的方向是对的，即使目标再远，也会有到达彼岸的一天。

第二节
了解写作误区：存敬畏，走正道

一、禁止抄袭与洗稿

在讲抄袭与洗稿前，我们先来明确一下两者的基本概念。所谓抄袭，指的是一比一直接复刻原文，也可以理解为直接照搬原文。而洗稿则不太好辨别，大多是结构相似，在内容上改头换面。例如我写的是"今天天气真好，我们一起出去玩吧"，如果是抄袭，就是原封不动地照搬原文"今天天气真

好，我们一起出去玩吧"；但如果是洗稿，就会写成："今天太阳真不错，你要和我一起出去玩吗？"

因此，抄袭很好辨别，有时候，电脑软件就能自动识别侵权内容。但洗稿就很难被察觉，甚至当面对峙，对方可能都会狡辩自己没有洗稿。因为大多数的洗稿都是换汤不换药，如改写人家的句子，同样的选题换个角度重写，同样的故事情节，框架结构不变、内容重新填充等，这些都属于洗稿行为。

在写作行业，无论是抄袭还是洗稿，都是为人所不齿的行为。我们可以换位思考一下，你千辛万苦提炼出的句子或选题，却被别人直接搬运了，就像你辛辛苦苦种了一盆花，稍不注意就被别人连盆端走了。这种行为，说好听些是"洗稿"，说难听些就是"剽窃"。所以在我这里，抄袭与洗稿都是明令禁止的行为。写作圈说小不小，说大不大，希望大家都能爱惜自己的羽毛，别被人看笑话。

二、克服自嗨与说教

在前面的章节中，我们提到过，新媒体文最重要的特点是"有用"，比如一篇文章让读者的情绪得到了宣泄，一篇文章让读者的问题得到了解决，一篇文章让读者的困扰有所缓解，一篇文章让读者的灵魂产生共鸣等。

在写作的第一个阶段，就是表达，想到什么说什么，想说多少说多少。也就是我们常说的自嗨阶段。这个阶段，你觉得自己文思泉涌，但收到的反馈却让你很受伤，因为阅读量不多，投稿也投不出去。这是为什么呢？因为你的自我表达和读者需求断层了，即你写的内容是你自己想看的，而不是读者想看的。读者不买单，自然没有平台愿意付费收稿。

除自嗨外，还有一种写作新手常踩的雷，叫说教，顾名思义就是像长辈一样喜欢说服、教育别人，强行向读者灌输自己的观点。但写作的核心是表达观点，是传递思想。如果是单纯地说教，很容易引起读者反感，毕竟我们自己对长辈的说教也不愿接受。

有很多写作初学者一被拒稿就开始焦虑，文章没人看也焦虑，要么觉得自己不行，觉得自己写不出来了，不是写作的料；要么觉得编辑和读者不行，他们没眼力、没水平，赏识不了我的才华。这两种想法都是大错特错，不但对写作无益，还会导致其半途而废。

在这个阶段，大家需要调整焦虑的心态，需要不断提醒自己：罗马不是一天建成的。那些成功的人，也不是一开始就厉害的。写作是一件需要长期坚持的事情，唯有坚持不懈，才能越走越远。

三、守牢价值观与底线

在考虑市场需求方面，我们提到了写文章要根据读者喜好定选题，最好能选择热度高的选题。很多小伙伴都很疑惑，这不是在刻意迎合吗？那我写的文章还是我的吗？所以，在这里要跟大家强调一下新媒体作者的价值观：大家在进入这个行业之前，一定要先树立自己的底线。

1. 实事求是，不恶意歪曲事实

无论是什么类型的新媒体，实事求是都是对写作的基本要求。尤其是人物类型的稿件，不能为了突出其某一个特质，就用春秋笔法刻意避开其他特点，或为了称赞而称赞，将人物生平随意打乱，甚至杜撰不实内容，只为哗众取宠。

时刻谨记，素材是为文章服务的，但绝不是只为文章服务。如果为了论证自己的观点，凭空捏造一些子虚乌有的事情，尤其是面对一些负面事件时恶意歪曲事实，一旦被公众识破，只会沦为大家的笑柄，为人所不齿。

2. 打磨内容，不恶意追逐流量

近年来，很多被封的大号，都是因为只顾追逐流量，恶意引导公众情绪，故意挑起对立。这样的内容可能会在短期内获得大量关注度，但从长远来看，迟早会功亏一篑。那些广为流传的佳作，永远都是有深度、有价值的文章，能给人带来切切实实的收获。如人民日报微信公众号夜读板块，多是一些励志类文章，能给予读者不断向前的力量。

如果想要在写作这条路上真正走得长远，那么用心打磨好自己的内容，才是最快的捷径。良好的文学创作环境，需要每一位创作者用心守护。

写作这条路并不如我们想象中那么容易，想要走得长远，就得心存敬畏，走正道。在此基础上，大家只要一直写下去，就一定能写出成绩。成功的路上并不拥挤，因为坚持的人并不多。坚持下去，你就赢了。

第三节
养成写作习惯：让写作事半功倍

一、一切皆可输入

写作者要永远保持输入的习惯。可以多进行主题阅读，因为写作是对输入进行思考后的输出。因此，输入才是写作的基础，没有大量的输入，就谈不上输出，输出的文字也会空洞无物，没有吸引力。这一点对于每位作者都至关重要，大家都知道它很重要，却常常忽视它，写着写着可能就忘记要不断输入了。

为什么很多人都觉得自己没内容可写？我自己也会面临这样的时刻，其实就是输入跟不上输出，人的大脑存量是有限的，一旦被渐渐掏空了，自然就很难再文思泉涌了。

另外要多看一些好文章，初期写新媒体文先要学会模仿，看看别人写的文章是什么主题，从文章的结构框架、引用素材、道理分析、金句提炼、标题选择等这些方面去做细致的拆解，学习别人的思维逻辑、行文思路以及素材是怎么搭建的，是怎么围绕主题展开的，是怎么聚焦主题的。主题结构很重要，但是切记模仿不是抄袭，是拆解学习的过程，这样我们才能慢慢进步。

写作需要养成的首要习惯就是阅读，要努力增加知识积累。俗话说，想要给别人一碗水，你自己得先有一桶水，甚至是一缸水。所以，大量的输入是输出的前提。要想持续输出，就要保持持续输入。通过大量的阅读，建立自己的知识架构，不断提升自己的认知，这样你对世界的感悟才会变得更有价值，更加深刻，才会写出别具一格的内容。

在阅读的时候，及时把一些触动你的东西记下来，比如有一个故事打动了你，但你暂时不知道什么时候会用到，那么可以把它收纳进你的素材库，按自己的习惯分类标注好，方便查找。遇到有些让你眼前一亮的句子，以后有可能发展成为一个选题的，也先记下来，把它收纳进自己的选题库，方便以后有灵感的时候继续发挥。

关于阅读，我建议大家不必太功利，别总想着看一本书就一定要找到一个选题或是一个素材或是其他对我有用的东西。有句话说得好，开卷有益。对于一个作者来说，每一本书都有可能成为我们积累的素材。并不是说写励志文就一定要看励志书，写亲子文就要看亲子教育方面的书。

我们每一个领域的作品都会包含多个领域的知识，比如励志文可能会涉及哲学、文化、历史等；再比如亲子文可能会涉及心理学、教育学等领域。如果你只看单一品类的书籍，那么你写出来的内容很大概率都是别人写过的，因为你没有给自己触类旁通的机会。

二、坚持高频输出

高频输出，也可以理解为刻意练习。高频，不是说一定要写很多内容，而是要能坚持写下去，哪怕每天只写 100 字也算。只有长期高频的输出，才能最大限度助你发现自己的问题，进而高效改进，在写作道路上成长得更快。

除此之外，坚持高频输出还可以促使你源源不断地输入。著名的费曼学

习法中就曾提到，输出场景可以促进输入，这是一种高质量的主动式学习方法。这就像是一个水池，你有多少输出，必然就需要多少输入，否则水源迟早枯竭。保持高频的输出，能让你保持大量输入，从而不断扩大阅读、写作的舒适圈。

有一句话叫"没有输出的输入，都算不上学习"。相信大家在上学时，都有过这样的体验，听懂与学会是两码事，如何判断自己是否真的学会了？通过作业练习题的完成程度来看。所以，在学习写作的过程中，输出就像是检验输入质量的标准，只有坚持高频输出，才能验证你确实是在有效输入。

三、建立"三库一图"

你有没有听过这样一句话，"写作主要依靠的是灵感"？但灵感这东西看不见、摸不着，该如何捕捉呢？答案是随时记录。记录是我们积累灵感的一个重要方法。

作者不能放过任何灵感，现在有很多听写软件和记录软件，大家随时可以记录灵感，如果不方便打字或写字，大家可以用搜狗听写、讯飞语记这些软件，以语音的形式先记录下来，日后再重新整理。

写作需要时间，有时候灵感来了，未必有时间写作，有时候有写作的时间，又未必有灵感。所以我们要养成随时记录灵感的习惯，同时也要养成随时练笔的习惯。

如果你一直等灵感，它可能会越等越少。灵感都是越写越多的，这点大家千万要记住。每天给自己布置一点任务，哪怕是记下生活里的琐事，一天写 500 字或 1000 字，也要让自己养成写下去的习惯，让写作跟吃饭睡觉一样自然，那么灵感就会源源不断。

在此基础上，我的建议是每一个作者都要建立起自己的"三库一图"。"三库"指的是选题库、素材库、金句库，"一图"指的是图库，内容如图 2-4 所示。

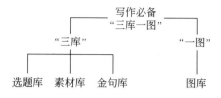

图2-4 写作必备"三库一图"示意图

选题库的主要作用就是收集灵感，最好能随时随地收集，稍纵即逝的感悟都要随手写下来，日积月累，你就会拥有一个写不完的选题灵感库。

素材库指的是收集各个方面、各个类别的素材。可以是你读书、看电影、看剧、看综艺时积累的，也可以是你逛街、外出游玩时积累的素材。比如我日常出游时，就会下意识地积累素材，与不同的人聊他们的经历。

金句库的主要作用是积累朗朗上口的金句或名人名言。同时，也可以把它当作标题库来用。我们可以将平时读到的好词佳句记录其中。

图库的作用则是用于配图，如果你有做自媒体账号的规划，那图库的作用还可以是提供正文素材和账号内容的封面。它可以是聊天记录的截图，也可以是自己拍到的、看到的好图。作者本人日常发朋友圈的素材，大多数都是聊天记录的截图。

建立"三库一图"重在日常积累，最好能做到随时随地随手记录。这样，我们才能拥有丰富的写作宝库，才能在写作时拥有源源不断的素材，写出精彩的作品。

四、找人结伴同行

写作是一条漫长的路，如果没有同伴相互激励，你很有可能会半途而废，所以找到同频的人一起前行很重要。如果有人结伴同行，当你倦怠的时候，会有人激励你；当你迷失方向的时候，会有人给你打气。

当你觉得自己快要坚持不下去时，看看周围，还有同伴在努力前行，有负责的老师在前方领路，自然能重燃写作的信心，整装待发，继续坚持。

当然，同伴的作用还远不止此。与志同道合的人一同前行，最重要的一点就是资源共享。例如 A 同学可能有一些编辑资源是 B 同学没有的，B 同学也会有一些编辑资源是 A 同学没有的，如果 A 同学与 B 同学资源共享，大家的资源会同时增多，这是对双方都有利的事情。

也许有人会想，编辑资源是我好不容易写出一篇爆文吸引来的，或者是我投稿好多次才得到这个编辑的信任，别人凭什么享受我的劳动成果？这样想就错了，你的朋友强大了，也会成为你坚实的后盾，对你有益无害。

大家平时可以互相交流一下写作心得，有人擅长取标题，有人擅长改稿，有人擅长写金句，有人擅长选题……每个人的短板与特长都不一样，抱团成长，就是借别人的力量去填补自己的短板，博采众长，共同进步。

我所创立的写作社群，就是这样一个资源共享的小圈子。在这里，有专攻小红书平台的朋友，也有专攻新媒体写作的朋友，更有已经做成知乎大 V 的朋友，大家可以一起共享经验、资源，互相学习，抱团成长。

大家也可以尝试一下跟志同道合的人建立一个小圈子，大家朝着同一个目标奋斗，这种感觉真的很好。

五、先完成再完美

本节想告诉大家的最后一点，是先完成再完美。很多朋友都有这样的想法，总觉得自己要写就一定要准备好一切，如合适的时间、丰富的素材、完美的状态，这样才能写出一篇满意的文章。这样的结果往往是拖到最后，却迟迟动不了笔。

赫兹里特曾说，唯一没有瑕疵的作家，是那些从不写作的人。作为一件高强度输出的事情，写作从来就没有是否完全准备好一说，写出的作品也没有是否完美之说。

很少有人能够写出一次就满意的作品，哪怕是那些知名作家，写作时也要一遍遍打磨，不断优化，才能最终定稿。先完成再完美，是每一个作者都要刻在心头的一句话。

永远记住，开始并完成一件事，比做到完美更重要。想写立马就动笔，哪怕只是写极短的一小段，也算是开始行动。只有迈出第一步，才有第二步、第三步。只要你动笔写，并写完，剩下的就是优化修改，这样才能慢慢得到你想要的结果。

本章，我们讨论了"写作前的准备"，从"确定写作目标：选择比努力更重要""了解写作误区：存敬畏，走正道""养成写作习惯：让写作事半功倍"三个方面，为大家阐述了"明确写作动机""找寻内容定位""平衡自我表达与市场需求""动态规划写作路径"的方法论。希望大家带着"禁止抄袭与洗稿""克服自嗨与说教""守牢价值观与底线"的写作初心，通过"一切皆可输入""坚持高频输出""建立'三库一图'""找人结伴同行""先完成再完美"的写作习惯，在写作这条路上，写出自己的精彩，收获专属自己的高光时刻。

每一个成功者都有一个开始，勇于开始，才能找到通往成功的路。如果你已经做好了"写作前的准备"，不妨即刻起步，写一篇 100 字左右的读后感，开启自己的写作之路。

参考书目

[1] 史蒂芬·柯维 . 高效能人士的七个习惯（30 周年纪念版）[M]. 高新勇，译 . 北京：中国青年出版社，2020.

第 三 章

打造破题"点"：
选题是核心

所谓选题，一般来说，就是写一篇新媒体文时所选择的话题，即文章的主要内容。如果说内容是文章的血肉，那选题就是文章的灵魂。毫不夸张地说，选题能够直接决定文章价值的高低。一篇文章的好坏，80%是由选题决定的。在新媒体写作行业的这8年里，我见过太多文笔尚可，却因选题未被选中的稿件；也见过不少内容质量中等，因选题质量佳而取胜的文章。无论是从投稿角度，还是从写出爆款文章的角度，选题都决定着一篇稿件的生死存亡。

作为拥有25万粉丝的博主、100万粉丝的职场大号前主编，我从事过5年审稿工作。在审稿期间，每次审稿第一眼看到的就是标题，即标题背后折射出的选题内容。如果选题不过关，那这篇稿子大概率我不会继续看，而是直接不过审。

大部分编辑的审稿流程几乎都是这样的，第一眼看标题，判断选题是否合适；第二眼看小标题，判断文章整体逻辑框架是否合理；第三眼看文章内容，判断细节是否饱满，文笔是否流畅。若以上均没问题，才会进入二审阶段。作为第一关的选题如果出现问题，文稿会直接不过审。如果选题新颖质量高，而文章内容稍有欠缺，编辑可能会选择再给作者一次机会，联系作者加以修改，这样还有优化上稿的可能性。当然，这是文章在其他方面无明显短板的前提下，如果内容质量太差也是直接不过审。

正如俗话所说"题好一半文"，字面意思就是只要选题好，这篇文章就相当于成功了一半。对于新媒体作者，这个逻辑同样适用，选题对一篇文章的加成只多不少，在部分主编那里，选题所占的权重比例甚至能达80%。所以，很多朋友在写作时面临的最大难关往往不是"我要怎么写"，而是"我要写什么"。本章就来和大家聊聊一篇文章的核心——选题，内容如图3-1所示。

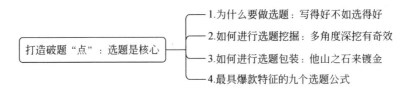

图3-1　打造破题"点"示意图

第一节
为什么要做选题：写得好不如选得好

众所周知，要想靠写作赚钱，写得好是基本功。但在新媒体文中，只写得好还不够，还得选得好。甚至大多数情况下，"写得好不如选得好"，这里的"选"指的就是对选题的筛选。要想顺利过稿，拿到理想的稿费，你得先有个好选题；想写出爆文，一文火爆全网，也离不开高质量选题的加持。我曾发表在《人民日报》微信公众号、新华网、《视觉志》上的阅读量10多万次的爆文，无一不是选题优质、内容翔实，才得以被官方平台选用。所以，无论你是想靠写作赚到高额稿费，还是想上稿大号，一朝爆文天下知，都离不开好选题的加持。

一、写作靠灵感的人，早就失业了

选题这么重要，那好选题从哪儿来呢？不少写作新手都有这样一个误区，觉得好选题一定需要靠灵感乍现获取。但你有没有想过这样一个问题，如果纯靠灵感，那得是什么样的天才，才能拥有源源不断的灵感，长期输出高质量文章呢？所以，在写作这条路上，你不得不接受一个残忍的现实，即靠灵感写作的人，其实早就失业了。

当然，写作不能纯靠灵感，不只是因为我们没法拥有那么多灵感，还有更重要的一点是：80%的灵感只是灵光乍现的一个想法，这样的灵感最多能让你写出一段话，若想要将其写成一篇高质量文章，其难度可想而知。更何况，不只是普通人，顶级作家们的写作选题来源，也是靠长期刻意练习才得以问世的，而不是靠所谓的灵光乍现。

2018 年，余华与弗兰纳根曾有一场对话，在现场有一位读者问了这样一个问题："我平时比较喜欢文学，有的时候自己也会写写文章。在这期间我遇到了一个难题，有的时候我会感觉一刹那的灵感突然抓住了我，让我有倾诉的欲望，但是这样的瞬间让我写出来的句子可能只是一句两句，或者是一个小的片段，当我想去把它扩展成为一篇比较长的文章时，我自己再去读，会觉得这些语言表达其实非常无力，就是感觉有点矫揉造作，然后我又会把所有的语言全部删去，但是我又有表达的欲望，这样的无力感就一直在折磨着我，我想请教一下余华老师，在这样的情况之下，应该怎样去刻意训练自己来突破这个瓶颈？"

当时，两位作家给出的回答几乎如出一辙：要坚持且要熬下去。因为所谓的灵感其实就是一刹那的想法，它可以是你的，也可以不是你的。更何况，这样的灵感，可能是一个好选题，也可能只是一个再普通不过的想法。要想写出高质量文章，你就得长期坚持且能熬下去。

灵感拓展不出一篇文章怎么办？先写，写到哪儿是哪儿，不能用删了就行。比如说我写过的废稿没有一千篇，至少也有一百篇。这是每个新手必经的阶段，哪怕是成熟的作者，乃至作家，都不敢保证自己写出的文章一定会被选用。没有灵感怎么办？坐在书桌或电脑前，硬写，想到什么就写什么，写到有话说，且能说得好、说得有价值为止。

值得庆幸的一点是，我们生在了新媒体时代，微信公众号、今日头条、简书、知乎等线上创作平台的兴起，使文章发表的难度大大降低。我们写出的文章，只要自己愿意，可以直接发布，可以做自媒体账号赚钱，也可以直接投稿，通过写平台需要的稿件赚稿费。无论是哪种形式，在新媒体飞速发展的今天，市面上已经有大量可借鉴的爆文供我们研读、学习。8 年新媒体文写作经验与 5 年新媒体文写作教学经验，让我掌握了不少爆文选题的特质和让灵感有迹可循的选题探索法。学会这些技法，哪怕没灵感，也能写出不错的新媒体文。

二、直击人心的选题具备哪些特质

你有自己常看的微信公众号或是自己喜欢的自媒体博主、平台吗？你有没有想过，自己为什么喜欢他们的内容？你的朋友、同事、家人和你的喜好一样吗？相信大部分朋友的回答都是不一样，每个人都有自己的喜好，无法一概而论。那怎样才能尽可能找出受更多人欢迎的爆款选题呢？我们不妨按以下三个标准衡量，内容如图 3-2 所示。

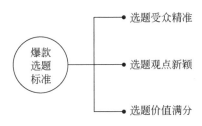

图3-2　爆款选题标准示意图

1. 选题受众精准

我们没法做到让所有人喜欢，但可以做到让某一类人喜欢。这一点在选题上叫作调性研究。即在动笔前，你需要先确定你的文章受众是哪些人。如果你想上稿的平台是亲子类账号，那你的目标受众就是宝爸宝妈，且宝妈所占比例更大。那她们关心的内容是什么呢？肯定是和育儿、教育相关的内容。如知名大号"凯叔讲故事"，文章受众就是以宝妈为主，所以他们的选题大多都是围绕"教育、妈妈"这两个话题来讲，如《"妈妈，为什么不让我玩手机"，妈妈的这封回信，堪称教科书》主题为孩子玩手机怎么办；《世界上只有 2 种妈妈：缺觉 VS 非常缺觉》主题为讲述妈妈们的缺觉日常……这样的受众群体，决定了他们的文章选题必须从宝妈角度出发，写宝妈们感兴趣的内容，这样才有可能过稿。

当然，这只是一大类，如果你想让选题更精准，还可以细分为儿子、女儿类别，网络平台上也有对应的自媒体账号如"女儿派""男孩派"，顾名思义，女儿派的受众是家里有女儿的家长们，男孩派的受众则是家里有儿子的群体。如此区分，他们的选题就能更加精准，如《为什么电子游戏是男孩成长的第二大陷阱？ MIT 心理专家说透了真相》就是一篇专为男孩家长而写的文章。

在确定选题前，我们先要确定具体的受众群体，再根据其需求，确定可写的选题。既然是按受众群体分，其分类标准就五花八门了。我们可以按性别区分如男性、女性，也可以按职业区分如教师、医生等，也可以按身份区分如父母、大学生、职场人士等。不同的受众群体，需要的内容不同，喜欢看的内容也会有所差异。所以在选题策划上，越精准的选题，过稿率越高，成为爆款的频率也越高。这里需要提醒大家一点，尽量不要选择过于小众的选题，精准度固然重要，但受众基本盘也是决定文章能否成为爆文的关键。

2. 选题观点新颖

观点新颖简单来说就是要适当创新，有新意。我们自己长期吃同一种饭菜都会吃腻，更何况读者。加上新媒体发展已有十几年时间，如果全是一些老生常谈的话题，读者自然会看腻。所以选题观点新颖是能否成为爆款选题的重要参考标准。

如果你想到了一个选题，搜索后发现已经是烂大街的选题，那这个选题就不建议你再去写。这里要提醒大家一点，经典选题与烂大街选题是有区别的。所谓经典选题，指的是禁得起推敲且亘古不变的哲理，如自律、善良等主题。烂大街的选题则更为具象化，如前几年大火的"走出舒适区"的观点，当时网络上都在告诉大家要走出舒适区，避免被淘汰，但没过几年，这样的话题就变成了"扩大舒适区，而不是走出"。这类需要辩证看待的观点，如果已经火过一轮，且已有相反的观点出现，那么就不建议再去写。

肯定会有朋友担心，哪儿有那么多新颖的选题，来来回回不就是那些观点吗？确实，能写的选题是有限的，但能用的素材是无限的。只要生活还在继续，社会还在发展，就会有源源不断的新事物出现，随之而来的新事物不就是我们找选题的大好时机吗？在此基础上，旧观点加上新素材，也算是创新的一种形式，这一点我们将会在后文详细讲解。简而言之，创新确实不易，但它和灵感一样，也是有"技"可循。

3．选题价值满分

严格意义上来讲，价值其实是一个主观层面的东西，但在新媒体文写作中，它也有一定标准，我们可以将其分为干货价值与情绪价值。就写作本身而言，如果我们靠它赚取稿费，那它自身就具有了经济价值。如果我们靠写作记录生活，表达自我，那它就有一定的情绪价值，这是文稿向内，对自我的价值体现。在新媒体文写作中，我们的文章通常是写给读者看的，而读者的阅读目的，也是为价值而来。换位思考一下，如果一篇文章什么价值也没有，那么我们自己也看不下去，所以写作者在写作初期定选题阶段，就要明确自己的文章能给读者带来何种价值。

干货价值，就是能带给读者获得感。比如看完这篇文章，读者能够有什么收获？学到什么内容？以本书为例，看完本书，你能学会如何写作，掌握从0到1的写作技巧，这就是干货。常见的干货类文章，大多以技巧教学、经验分享、知识科普为主。如《烦人的黑头怎么祛除？医生教你3个方法》就是教读者有效祛黑头的方法，这是妥妥的干货。

情绪价值则是能引起读者共鸣，帮读者说出他的想法。如近年来沸沸扬扬的"江歌案"，江歌为保护好友刘暖曦（曾用名刘鑫），好心收留她却被其男友残忍杀害。本是一起有情有义的友情，但后续事件中刘暖曦却对自己的救命恩人江歌的母亲态度恶劣，甚至多次对其进行辱骂、挑衅。这种天怒人怨的行为，大多数人看过后第一反应就是气愤，不理解世上为什么会有刘暖曦这种忘恩负义的人。这时大家的情绪就需要一个宣泄口，此时，如果能有一篇文章写出网友的愤怒，那就是一篇优质的新媒体文。与干货价值类似，情绪价值也可以有很多种类，如愤怒情绪、快乐情绪、焦虑情绪等，只要你能够帮读者表达出他们内心的想法，引发情绪共鸣，那就是一个好选题。

当然，一篇文章包含的价值肯定不止这两种，它还可以帮读者传递自身

价值观、打造朋友圈人设等。更多价值，就需要大家一起继续探索、创造了。

三、选题档案搭建，再也不愁没得写

想要"选题无忧"，只了解爆款选题的特质还远远不够，我们需要有一个自己的专属选题库，即选题储备仓库，日常多积累选题，需要用的时候就可以随意调取，为自己的长期输出做好选题储备。那么该如何建立自己的选题库呢？可以参考以下三个步骤。

1. 确定基本领域

在爆款选题特质中，本书提到想要选题选得好，找准受众群体很重要，在建立选题库时，我们就需要根据目标受众，确定基本领域。通常可以分为亲子类、情感类、职场类、观点类、故事类、文案类等六大类型。我们可以结合自身擅长与感兴趣的领域，确定自己的写作类型。

2. 确定细分领域

细分领域，是在确定基本领域的前提下，进一步细分所得。以亲子文为例，如果我们的基本领域确定为亲子类，那可以按照孩子年龄段，进一步划分 0～6 岁为育儿类，6～15 岁为教育类，15～18 岁为亲子关系相处类等。如果我们看到一篇"如何与叛逆期孩子有效沟通"的文章，就可以将其划分至亲子关系相处类别中。后期如果需要写该种类型的文章，就可以借其直接搭建文章框架。

3. 完成选题库搭建

细分领域确定好后，接下来就要选择一个合适的工具来搭建选题库。这里优先推荐在线文档，因为手机端与电脑端能够同步更新，这样我们就可以随时随地记录灵感、想法，不受时间、空间限制。本书推荐使用印象笔记、飞书文档，也可以下载锤子便签、时光序手机软件等，这些都是很方便的记录神器。在此基础上，可以搭配语音识别输入法，高效搭建选题库，做好选题储备工作。

第二节
如何进行选题挖掘：多角度深挖有奇效

选题库搭建好后，下一步就要着手积累选题了，我们讲过，选题不能只靠灵感，比起短期的"灵光乍现"，长期的钻研打磨才能助你走得更久更远。在选题挖掘上，不妨从以下角度进行思考，内容如图 3-3 所示。

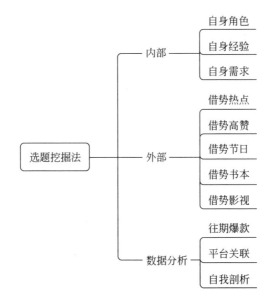

图3-3　选题挖掘法示意图

一、内部选题挖掘法

内部选题挖掘法，顾名思义，就是从自身出发，去寻找选题、观点的方法。这可不是要让大家硬着头皮去想，挖掘选题有一定的思考路径，我们可

以从不同角度，挖掘不同类型的选题。

1. 从自身角色出发

自身角色指的是我们所承担的社会角色，以作者本人为例，我的主业是一名医生，副业是新媒体写作教练、打造个人IP教练。如果我想写一篇医学科普类文章，那我可以从自身出发，写"长时间熬夜值夜班，如何降低熬夜对身体的伤害"；如果写干货类文章，我也可以写"主业副业双开花，如何高效进行时间管理、精力管理"；如果写亲子文，我目前还是孩子的身份，那我就可以站在孩子角度，写给父母们"想要教出优秀的孩子，你们可以这么做"。

2. 从自身经验出发

这一点与从自身角色出发类似，不过它们是不同角度的思考方式。如果你想写关于职场领域的内容，那你就可以通过"模拟成长路径"的方法来做选题；如果想写干货类内容，比如投简历、面试、试用期、工作、升职、离职等方面，可以以此为发散点，写关于投简历的渠道、面试小技巧、升职高情商等方面内容，这些都是精彩的干货类选题。

3. 从自身需求出发

如果你刚刚晋升为新手妈妈，可以仔细想想自己最需要的是什么。干货类内容可以是育儿经验，也可以是维护家庭亲密关系的经验等；情绪类内容可以分享当妈妈的艰辛，如半夜起来喂奶，永远处于睡眠不足状态的辛酸……只要你的需求不是非常个性化，大多是同类型群体的统一需求，目标受众自然就有很多。

向内部挖掘，我们可以从自身角色、自身经验、自身需求三个角度来思考，当然，思考的角度并不唯一，只要能想出符合优质选题特质的选题，就是好角度。

二、外部选题挖掘法

除了向内部挖掘，我们也可以向外部探索，挖掘各种类型的选题，用以输出储备。常见的渠道有以下五种。

1. 借势热点

从热点入手找选题其实是一种捷径，因为只要你写热点，过稿率都会大大增加，流量至少也会比平时高两倍。追热点的两个原则是要么"速度够快"，要么"角度够新"。特别要注意的一点是，一定要写自己熟悉领域内的相关话题，不要硬蹭热度。

2. 借势高赞

如果我们在小红书、知乎、微博等相关社交平台上，看到热点新闻或其他点赞量特别高的评论，可以收集起来当成选题素材，这种内容都是经市场验证过的，都是特别受用户喜欢的内容，掌握小红书、知乎、微博高赞评论选题法，能够有效拓宽我们的思路。

3. 借势节日

大家可以从热点日历中找出一年中所有的热点节日，做一些自己领域与节日有关的选题，一定会受到用户喜欢。例如国庆节假日期间，我们可以分享假期趣事。如果你是写亲子文的，就可以写国庆假期遛娃好去处。此外情人节也是一个热点选题，可以写没有收到礼物的女孩怎样过节，一定会很有热度。

4. 借势书本

从书本里面找选题的好处是不仅选题有深度，同时也积累了内容素材。写什么领域的内容就看那个领域的书籍。在书中不仅能找到好的选题，还能积累各类素材，如金句、案例等。在此，本书建议各位读者，想长期写作，就得保持输入。在看书时，边读边思考可以当作选题的内容。

5. 借势影视

我们还可以从影视剧、综艺节目中找选题。当你真正想成为一个内容创作者时，娱乐就不仅仅是娱乐了，生活中的每一个时刻，都是找选题的过程！我曾看过某档电视节目是关于父母批评孩子的，弹幕上有人说了一句：

要对孩子进行"赏识教育"。这句话对于做育儿内容的创作者来说，就是一个很好的选题。在此推荐大家看《奇葩说》，里面有很多精彩的热点选题可供我们积累。另外，TED的演讲也可以多看看。

就综艺而言，如在《乘风破浪的姐姐》热播期间，我们就可以去蹭其热点。如果写婚姻情感文，就可以写姐姐们的婚姻。如果写励志观点文，就可以写姐姐们的形象管理能力及各自超强的自律能力。总之就是根据你自己的写作领域去选择对应的内容选题。

三、选题数据分析法

除向内部挖掘、向外部探索外，在寻找选题上，我们也可以借助数据分析法，筛选出高质量的爆款选题。

1. 往期爆款

通常情况下，每个领域都有各自对应的头部大号。在寻找选题时，我们可以从头部大号入手，整理他们的往期选题表，对流量较好的选题进行分析拆解，从而锻炼选题思维。部分经典选题可以积累下来，重复去写。将出现过的往期爆款选题积累在自己的选题库中，待有合适的素材时，可以尝试写一篇相关主题的内容。

2. 平台关联

虽然大部分新媒体文的发表平台都是微信公众号或是今日头条，但类似的社交平台热点话题都是相似的。如果在一个平台上没能找到你喜欢的热点话题，不妨试着从其他平台找找类似的话题，只要保证是在自身所在写作领域即可。可以用关键词直接搜索对应的热点话题及内容，借鉴一下并加入自己的理解，就会写出一篇完整的文章。

3. 自我剖析

有一定写作基础的作者，或是正在做自己的自媒体账号的作者，就需要从自身出发，进行自我剖析，对自己写过的所有选题进行分析，最好能够统计成表格，将流量高的选题单独分类，并拆解其流量高的原因，进而模仿、提升，不断优化输出的选题内容。这样才能将个人账号越做越好，在写作这条路上越走越远。

第三节
如何进行选题包装：他山之石来镀金

了解了选题的挖掘渠道后，接下来我们要研究的是选题包装。好比我们在出门前总要梳洗打扮一番，好的选题在成稿、投稿前，也需要包装一下，才能增加过稿率。引起主编的注意，才能有过稿的机会。包装好的选题也更容易获得主编、读者的青睐，进而获得更好的流量。具体如何包装选题，我们可以巧借现有爆款选题，用他山之石来为自己的选题镀金，内容如图 3-4 所示。

图3-4 选题包装法示意图

一、"旧瓶装新酒"法

旧瓶装新酒可以理解为换汤不换药，用新热点套旧观点，也就是本书上节提到的经典选题。"旧瓶"指的是传统观点，"新酒"指的是最新的热点

事件，通常自带流量。流量热度与思考深度强强联合的选题，就是"旧瓶装新酒"。

本书以"自律"为例，自律本身是一个老生常谈的话题，但每当有新热点事件发生时，都会被拿来再写一遍。如每年高考期间都会有一些关于"学霸自律，考上状元"的话题，当女明星因身材好、状态好上热搜时，也会出现自律的话题。只要观点禁得起推敲，"旧瓶装新酒"就是最经典的选题包装技巧。

想要做好"旧瓶装新酒"，就要求我们在日常生活中，积累足够丰富的经典选题库，这样我们才能在热点事件发生时，快速找到合适的选题，跟上热点的步伐，快速产出内容。

二、相关词替换法

你有没有看到过这样的标题：成年人最高级的活法，是 ×。这里的"×"可以是"断舍离"，可以是"及时止损"，可以是"随时清零"，也可以是其他你想写的逻辑自洽的话题。

这种选题形式，就属于相关词替换。同样的逻辑框架，换个类似的词语，就可以构成一个新的选题。常见的还有"有一种高情商，叫 ×"，这里的"×"可以是"真诚"，可以是"不随意评价别人"，也可以是"干脆拒绝"。只要是能够切题的观点，都可以写进去，形成一个新选题。

这种类型的选题，往往是通过套用爆款句式模板的爆款选题。只要观点正确，内容翔实，逻辑匹配，写出的稿件就不会有问题。这种相关词替换法，需要我们在日常生活中多主动积累、模仿爆款选题的句式及其形式，进而创新产生自己的风格。

三、寻根溯源法

如果你想写更有深度的选题，那不妨试试追根溯源法，透过现象看本质，深度挖掘选题背后的成因。也可以理解为正话反说，与常识反着写，前提是一定要能逻辑自洽。

例如：自负的人，本质上是自卑的人。这个选题，我们可以从人自负的原因开始剖析。心理学上有一本书叫《不稳定的自尊》就是专门剖析人自负的成因。一般说来，过度自负的人大多都有自恋型人格障碍，他们无法正视自己的优缺点，就会产生一种"分割"式的自我防御机制。他们认为暴露出真实的自卑是危险的，所以分化出一个自负的自我来应对外界。我们可以就这个成因，深度剖析，写成文章。

类似的选题还有"一个人越炫耀什么，其实越缺什么"，如果采用寻根溯源法，就可以写成"喜欢炫富的人，往往最贫穷"。你看，同样是讲自卑、讲贫穷，如果通过寻根溯源法包装选题，这个选题是不是更吸引人呢？

第四节
最具爆款特征的九个选题公式

掌握选题挖掘与包装技巧后，本书还为大家总结了九个最具爆款特征的选题公式。如果你确实想不出优质选题，不妨试着借助以下九个公式，确定自己的选题。

一、热点类爆款选题公式

了解过新媒体的朋友应该知道，热点选题通常自带流量热度，是新媒体文选题的最佳选择。那怎样才是追热点的正确方式呢？本人结合七年新媒体文写作经验，为大家总结了三个基本公式。

公式1：高密度信息点＋爆炸性传播＋几经反转＋多点长尾小爆点，内容如图3-5所示。

图3-5 公式1方法示意图

适用场景：单个人物、单次事件引发强烈社会关注。

时间周期：长周期。

例1：江歌案一审宣判：法律必将坚定不移地为善良撑腰！

例2：胡歌官宣生女，高调承认隐婚，全网炸了：恭喜，这次终于是真的！

例3：淄博烧烤火爆出圈的原因找到了，原来这才是它真正的"灵魂三件套"！

这类跨度长、反转频、角度多的爆炸性热点，我们可以按时间线来分析。早期写信息，事件发生后的4小时（甚至是2小时）内，新媒体从业者与普通读者存在天然信息差，所以传播信息本身就有流量；中期写情绪，事件被广泛传播后，自媒体人要善于与大众的情绪共情，所以在第4小时至第2天，需要提供大量的情绪性内容帮助读者宣泄情绪；后期写思考，读者情绪进入疲乏期后，需要一部分有深度思考能力的作者，在第3天至第7天带领读者进行思考。而后，热点冷却、事态平息、观众注意力转移，这条热点新闻，就此别过。

公式2：固定题材＋规律出新＋可被预测，内容如图3-6所示。

图3-6 公式2方法示意图

适用场景：热播影视剧或综艺。

时间周期：长周期＋短时效。

例1：电视剧《安家》：盘点热播剧的12种爆款选题策划法。

例2：电视剧《流金岁月》：《流金岁月》热播：送你45个选题。

例3：综艺《演员请就位》：《演员请就位》爆火，我看到了背后的40个选题。

例4：综艺《乘风破浪的姐姐》：从《乘风破浪的姐姐》，看热播综艺的选题之道。

注：以上内容，搜索公众号"不畏青年"即可查看原文。

挖掘影视剧或综艺中的选题，最重要的是抓取有用信息。我们可以预判热度，判断这部剧能不能火？有没有传播价值？我们也可以推出人物特辑，判断哪些人物有看点？哪些角色有热点？可以微观解读哪些剧情有冲突？哪些情节有嚼头？更可以宏观分析哪些市场有空缺？哪些行业有机遇？当然，也可以用金句切题，判断哪些言论有争议？哪些金句有共鸣？

以上5点，除了要日常多积累，还可以在节目播出时间段不断精进。可以开弹幕，寻找冲突话题；看预告，提前锁定热点；看评论，寻找广泛共鸣。你错过了前期简介，还可以写人物特质；你错过了剧情八卦，还可以写人性弱点；你错过了故事结局，还可以写行业动态。就算你一个热点都没赶上，那也没关系。错过了这一部题材，还有下一部。只要大众有娱乐的需求，你就有源源不断的选题来源。

公式3：瞬时巅峰 + 瞬间回答，内容如图3-7所示。

图3-7 公式3方法示意图

适用场景：各领域明星八卦。

时间周期：短周期。

特别说明：如有反转，则自动转入"公式1"。

例1：明星结婚、离婚、恋爱、分手、家暴、美颜、身材、生娃、猝死……

例2：王楚然：求求你，别再恋爱脑了！

这类热点，就是咱们在微博热搜榜单上最常见的热搜，热点非常多，但来得快、去得也快，往往还没来得及写，热点就过时了。所以，针对这类内容，我们也要有应对技巧。

首先，"旧瓶装新酒"、开头换热搜，是新媒体职业写手的常规套路。其次，大号套公式。大号求稳定，用已验证过的爆款逻辑套新出现的热点选题，百试百灵。最后，小号博力度。小号求出新，找出好的角度，才能分掉这块流量蛋糕。如何在短时间内找到合适的角度呢？需要大家结合自身所在领域灵活发挥。

二、人性类爆款选题公式

人类的本质就是情绪的产物，趋利避害是其本能，所以我们在寻找选题时，不妨从人性角度出发，唤醒人类最原始的冲动本能。

公式 4：痛点 + 事件 + 后果，内容如图 3-8 所示。

图3-8　公式4方法示意图

例 1：老打骂孩子导致叛逆，心理学家喊话：想把孩子养废就继续！

例 2：考研失败，没有杀死我！

例 3：我长得丑，就不配成功吗？

例 4：无性婚姻，击溃了多少没钱的中年夫妻？

这类标题通常利用读者的恐惧、痛苦等担心的事情做标题，如父母都怕把孩子养废，那应该怎么养才合适？有需求的父母必然会点开简单学习。

公式 5：爽点 + 事件 + 理想状态，内容如图 3-9 所示。

图3-9　公式5方法示意图

例 1：我国阅兵震撼场面全网刷屏！这波真的帅绝了！

例 2：不是什么人，都配得上你的格局！

例 3：去吧，见想见的人，做想做的事。

这类标题，适用于挑起读者的兴奋点，如骄傲、自豪、愉悦等情绪，让读者看到标题就有一种兴奋感，进而产生互动行为，甚至能引发一波朋友圈转发浪潮。

公式 6：痒点 + 事件 + 悬念，内容如图 3-10 所示。

图3-10 公式6方法示意图

例 1：当我带了一个比我大 20 岁的对象回家，父母的反应竟然是……

例 2：木村拓哉闪电离婚，但这离婚原因也太扯了吧……

例 3：太酷了！我小时候要是有这个就好了！

这类标题为了引发读者好奇心或挑起读者看下去的欲望，通常会设置悬念，说话只说一半，让读者一看标题就想了解后文，流量自然不会低。

三、方法类爆款选题公式

这三个公式适用于干货类选题，简单明确的方法论总结，对有明确需求的读者而言，有着巨大的诱惑力。

公式 7：数字 + 事件 + 严重后果，内容如图 3-11 所示。

图3-11 公式7方法示意图

例 1：谈恋爱千万不要做这 3 件事情，做了后悔一辈子！

例 2：出轨后，被老婆发现是什么感受？这 3 个男人说了大实话！

例 3：肚子咕噜叫可能不是饿，出现这 3 种情况问题就大了！

严格意义上来说，这个公式应该是"人性 + 数字"的结合版。相关研究表明，人类对数字的敏感度远高于文字，所以数字本身自带吸引力。再加上严重后果的威胁，大多数读者都会点进去阅读。

公式8：提问＋具体场景＋解决方案，内容如图3-12所示。

图3-12　公式8方法示意图

例1：为什么你家孩子屡教不改？教育学专家这么说……

例2：为什么你很难进入"心流"状态？看这篇文章就够了！

例3：怎样才能提高深度思考能力？这3招给你答案。

这类公式就比较简单明确，直击读者的痛点，他们越担心什么，越写什么，以问句的形式，引发读者思考，再给出解决方案。这种类似于"自问自答"的形式，对干货类选题而言，简直不要太合适！

公式9：反差＋悬念＋打破常规，内容如图3-13所示。

图3-13　公式9方法示意图

例1：年入百万竟然过得不如月入3000，有钱人都这么艰苦吗？

例2：敢于示弱的人，往往才是真正强大的人！

例3："世界最美女孩"15年后亮相时装周，竟然惨被群嘲！

这类公式适用于反差较大的群体，目的是通过反差对比，引发读者好奇心情。打破常规的说法，也是增加点击率的一种方式。如果能将其融会贯通，那么所有的选题应该都难不倒你了。

不过，需要提醒大家的是，套路和公式永远只是辅助，自己的思路和逻辑才是写作的灵魂，希望大家不要本末倒置。

本章讨论了"打造破题'点'：选题是核心"之如何打造选题。从"为什么要做选题：写得好不如选得好""如何进行选题挖掘：多角度深挖有奇效"及"如何进行选题包装：他山之石来镀金"三个方面，为大家详细阐述了"直击人心的选题具备哪些特质""如何建立选题库""如何从内部挖掘选题""如何从外部挖掘选题"及"选题数据分析法"。在"选题包装"层面，为大家分享了三个选题包装法，分别是"旧瓶装新酒法""相关词替换法""寻根溯源法"。在最后一节，本书还为大家整理了"最具爆款特征的九个选题公式"。相信读到这里，大家对"选题"这个模块就能胸有成竹了。

对于写作来说，选题就是文章过稿、爆火的金钥匙。选题有价值，文章才有竞争力，写出的文字才有意义。希望大家能带着在本章学到的写作技巧，赋予自己的文章"有趣、有料"的灵魂，写出打动人心的优质美文。

第四章

寻找逻辑"线":
提纲是基础

对于很多刚接触写作的人来讲，理想的写作状态是遇到好的选题或素材，打开电脑一气呵成地将文章写完。然而真正的写作流程并不是这样，它还有很关键的一步——列提纲。

既然有想法，为什么还要列提纲？列提纲不是在耽误时间吗？当然不是。如果提笔就写，想到哪写到哪，很容易出现以下几个问题。

1. 在写作过程中文字越写越跑题，呈现出来的内容与最初的设想相差很大。

2. 在写作的过程中频频遇到卡点，需要花费较长时间梳理思路，甚至最终不能完成全文。

3. 写完的文章逻辑混乱，很难向读者传递明确的核心观点，从而变成一篇毫无价值的流水账。

所谓提纲，可以理解为一篇文章的逻辑框架。如果将内容比作文章的血肉，那提纲就是文章的骨骼。血肉决定文学质感，骨骼决定整体方向脉络。对于一篇文章来说，如果在写作前没有定好整体方向脉络，即使角度再新颖，素材再贴合，文字再优美，也很容易出现文章毫无章法、观点模糊不清以致可读性差的问题。

很多朋友在写作时面临的困境往往不是"我该写什么观点"，而是"我要如何讲清楚我的观点"。本章就来和大家聊一聊文章的基础——提纲，内容如图 4-1 所示。

图4-1　寻找逻辑线示意图

第一节
为什么要列提纲

众所周知，新媒体文的核心是"向读者传递一个观点"，其中"一个观点"的概念是重中之重。文章中所有的内容都要围绕着某一个观点展开，素材也全部服务于这一观点进行论证，而不是像写随感、记日记那样随心所欲地表达心情。

提前搭建好文章框架，可以让文章中的观点表达得更有逻辑，主题更明确。同时，对作者自身而言，确定好写作方向和每一步该写什么，写作效率也会成倍提高。

在本人整个写作生涯中，无论是在新华网、视觉志、人民日报微信公众号上发表的阅读量 10 多万次的爆文，还是如今写书，无一例外都是从"确定提纲"开始的。所以，无论你是想上稿大号、做自媒体账号，还是想日后写畅销书，只要是涉及内容产出的方向，都离不开对整体结构的把握。

一、提纲是逻辑归纳的结构线

相信很多作者都遇到过被拒稿的情况，按照已经确定好的选题和角度，自信满满地成文，结果文章乱七八糟、逻辑不通，最终被编辑拒稿。整个过程耗费了大量时间和精力，得到的回报却是甚微的。长此以往，巨大的沉没成本，不仅会拖垮作者输出内容的效率，还会逐渐消磨作者对写作的信心。

而列提纲就是解决上述问题最快捷有效的办法。提纲像是"一条线"，可以将文章的素材、观点、论述严丝合缝地串起来，使得所有的内容为核心观点服务，将文章走向始终把控在作者的掌控范围内。

通过列提纲，你可以直观地看出文章的切入角度是否合适，结构是否合

理，逻辑是否严谨，素材运用是否合适。遇到任何问题，都可以在列提纲期间进行调整，直到理顺思路。而对于一篇 2000 字左右的新媒体文，仅需要用 100 至 200 字就可以轻松梳理文章脉络，判断文章的可写性，大大降低了直接成稿的沉没成本。

二、提纲是作者写作的基准线

回到最初的问题：已经有想法还要列提纲，是不是在浪费时间？如果说写初稿前，提纲是帮助作者定结构的逻辑框架；那开始动笔写初稿时，提纲就是为作者写作内容划定的基准线。

有过写作经历的作者，尤其是写过长文的作者可能遇到过这样的问题：文章在脑海中构思时是一个样子，而真正落到实处又变成了另一个样子。有时只是细小的偏差，整体内容与最初设定一致，只是在细节上做了微调；有时则是通篇大改，完全没有按照最初的思路写，甚至会出现写到一半，无法继续写下去的情况。

在这个过程中，提纲对于作者的作用就凸显出来了。它可以帮助作者记录最初的思路，即使文章篇幅较长，需要分多次甚至数日才能完成，但只要有提纲在，每次开始动笔前都可以轻松梳理文章结构，顺畅地承接上文已经完成的内容。同时，在文章写作过程中，有提纲做参考可以让正文内容始终在圈定范围内，避免出现内容偏题问题。

除此之外，有一个详尽的提纲，在撰写初稿时也会更高效。你不必为下一步要写什么、如何写、填充什么素材等花费太多时间纠结，因为一切尽在掌握之中。

其实，不仅是写作新人，即使是入行多年的作者，甚至是编剧界的大咖，都有列大纲的习惯。著名小说《谍影重重》[1] 的作者罗伯特·陆德伦，就以列层层叠叠、细致入微的大纲著称。而对我本人而言，自 8 年前进入新媒体行业至今，无论是写文章还是写书，都会有一份框定文章内容基准线的大纲，辅助自己提高写作速度，把控文章整体方向和品质。

三、提纲是编辑审稿的衡量尺

列文章提纲的作用在于，能够直观地看出"选题切入角度是否合适，全文是否逻辑自洽"。一份清晰的大纲，是编辑审核稿件的衡量尺，也是文章能否被看中的第一要素。

编辑无法在短时间读完几千字的文章，但可以通过几百字的提纲，迅速理清文章脉络、核心观点和论证思路，确定文章的可采用性及可调整空间。比如在文章"《你好，李焕英》虐哭上亿人，贾玲一句话揭露成人世界的扎心真相"中，作者的分段大纲为：

1. 向父母告别，我们无法想象意外快于明天是多绝望的事。

2. 我们终究没有直达天堂的门，那些挥手作别的人，再也无法相见。

3. 我们逐渐与父母剥离，在他们渐渐累弯了腰时，开始后悔为什么没有多付出一点。

4. 在向前冲的日子，要记得向父母表达爱意，趁还来得及，好好爱他们。

从提纲可以看出，作者以电影《你好，李焕英》为切入点，层层递进地表达"要趁还来得及，不吝啬向父母表达爱意"。文章由"分别"引入，表达了与父母离别的遗憾，但也要接受逐渐与他们剥离的现实，最后呼吁读者珍惜能和父母在一起的时光。通过提纲，就能感受到整篇文章逻辑严谨，论证顺畅，在成文后内容也不会有太大的出入。

作为拥有 25 万粉丝的博主、100 万粉丝职场大号的前主编，在我从业新媒体的时间里，无论是对自己还是对身边的编辑、撰稿人，都会严格按照"找选题—列提纲—写初稿"的流程去要求。如果一篇文章的提纲不合格，是不会进行初稿内容撰写的，而是要对提纲反复进行修改和打磨。

大部分编辑约稿时也会要求特约作者提交提纲，通过提纲内容判断文章整体逻辑框架是否合理。如果提纲稍有欠缺，编辑可能会联系作者进行修改调整，捋顺整体逻辑，然后再完成初稿。但如果提纲与编辑的要求相差太远，即使选题角度新颖，也很容易遭遇直接拒稿。

第二节
如何有效搭建提纲

你有常看的公众号吗？你是否对文章的结构进行过分析？在你见过的文章里，常见的结构有哪些呢？你有没有思考过，针对一个选题要如何搭建逻辑自洽的结构？以上这些问题，许多朋友可能没有仔细思考过。如果你打算动笔开始写作，一定要从重视提纲做起。

作为文章的骨架，提纲的重要性在上文中已经反复强调过。对于写作初学者而言，写提纲是最基础的技巧之一，也是每一位作者的"必经之路"。可以说，一个好的提纲决定了文章的质量。那么，本书接下来就和大家聊一聊，条理清晰、逻辑自洽的提纲是如何搭建的。

一、金字塔原理十六字真言

文章提纲逻辑是否清晰，靠的是思维能力。它与作者日常的阅读量和人生阅历密切相关，这也是为什么文字工作者需要多读书、多经历，以此来提升逻辑思维能力。但远水解不了近渴，想要即刻动笔列提纲，有没有立竿见影的能提升逻辑思维能力的办法呢？

其实，所谓行文逻辑，就是我们从无到有搭建文章框架的过程。《金字塔原理》[2] 一书中给出了读者十六字真言指导，即结论先行、以上统下、归类分组、逻辑递进，内容如图 4-2 所示。

1. 结论先行

结论先行，也可以叫作观点先行，指的是将总括性和结论性的表述写在文章的开篇部分。在写文章时，我们要在开篇的部分快速告诉读者文章的主要内容是什么。熟悉新媒体的朋友应该了解，与传统纸媒相比，新媒体文篇幅短小、节奏感强，读者大多利用碎片化时间阅读。如果不在文章开篇吸引住读者，那就很难有人愿意继续看下去，这篇文章最终的完读量、点赞量、收藏量和转发量都会比较低。

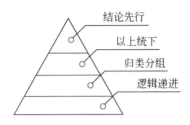

图4-2　金字塔原理示意图

2. 以上统下

以上统下是指文章只能有一个主题，并且能够将发散性内容与核心论点紧密地结合起来。在写文章时，其整体结构无论采用并列发散式，还是采用递进深入式，都需要牢牢把握住选题的框架。只有这样，才能让文章始终为"一个观点"服务，将观点阐述明白，并使主题鲜明突出。比如文章《情商高的人，是怎么发脾气的》的核心论点是"情商高的人往往采取客观、理性的待人做事的态度"，采用层层递进的写法，分别论述了"不对抗情绪，只关注事实""不做情绪的奴隶，做情绪的主人"和"不与偏执的人论长短"等三个分论点，分论点均为先行核心论点服务，并紧紧围绕核心观点进行阐述，这样文章的逻辑性、完整性都很强。

3. 归类分组

归类分组，也就是先定分类标准，然后按这个标准将具有相同特征的信息内容归为一组，然后逐组阐述，每次阐述一组的内容。在写文章时，归类分组法常见于并列结构，将文章总括性论点以多角度切入，写出层次分明的分论点。比如文章《幸福的秘诀，都藏在这三句话里》的核心论点是"幸福不是一种状态，而是一种心态"，分别从三个分论点——"面对小事不纠结""面对大事放宽心""心宽之人路自宽"进行阐述，并做到彼此没有重复

且均为核心论点所包含的内容。

4．逻辑递进

逻辑递进是指依照逻辑关系组织思想和语言。常见的逻辑关系方式包括演绎推理、归纳推理、时间顺序、空间顺序及重要性顺序等。在文章写作中，逻辑递进法主要用在递进式内容及其结构中，是指对文章的内容依照逻辑顺序逐步深入，深化主题的写法。

二、新媒体文章结构的常用类型

从上文的"金字塔十六字真言"可以看出，在新媒体写作中常用归纳分组和逻辑递进两种方式去搭建文章结构。经过对不同类型的新媒体文进行统计、研究，发现大部分新媒体文会采用以下两种结构：并列式结构或递进式结构。下面我们就用案例来讲解一下新媒体文中常见的这两种写作结构。

1．并列式结构

并列式结构是指文章在核心论点下分化出几个不同的分论点。各个分论点及其论述内容可以独立成为章节，相互之间没有主次之分或逻辑递进关系，这类结构在新媒体文中很常见，尤其适用于讲故事，即"三个并列故事＋故事对应论点＋总结性升华内容"。

以情感观点类文章《幸福的秘诀，都藏在这三句话里》为例，全文分论点及其论述内容为：

（1）面对小事不纠结。——这一部分以包文婧在综艺中的表现为例（反例），提出分论点"小事斤斤计较，会将生活变成炼狱"。

（2）面对大事放宽心。——这一部分由 2008 年一些老人在马来西亚被骗的故事为例（正例），提出分论点"面对人生中的大事，良好的心态可以改变现在与未来"。

（3）心宽之人路自宽。——这一部分从"国民女神"严幼韵的亲身经历切入（正例），提出分论点"乐观的人，精气神会更足，路也会比其他人更宽"。

从以上案例可以看出，文章是按照"核心论点引出 + 论点 1（案例 + 论述）+ 论点 2（案例 + 论述）+ 论点 3（案例 + 论述）+ 总结"的结构，将核心论点"幸福秘诀的三句话"分成了三个分论点论证。

2．递进式结构

简单来说，递进式结构是一个对文章主题不断深化的过程。也就是在写作过程中，通过采用"案例 + 原因 + 方法论""案例 + 意义 + 方法论"或"案例 + 原因 + 危害 + 方法论"等结构，将核心论点向更深层次推进，它在个人成长类文章（包括职场成长）和亲子类文章中非常常见。

以个人成长类文章《情商高的人，是怎么发脾气的》为例，全文分论点及其论述内容为：

（1）不对抗情绪，只关注事实。——这一部分以《奇葩说》中蔡康永讲述的故事为例，提出文章的核心论点。

（2）不做情绪的奴隶，做情绪的主人。——这一部分是通过宋美龄的事例，对核心论点进行原因分析，提出更进一步的论点："情商越高的人，越不容易被愤怒控制；情商越低的人，越容易被愤怒牵着鼻子走"。

（3）不与偏执的人论长短。——这一部分引入了李敖和余光中的事例，分析其中包含的深层含义，即"当面对别人无端指责时，沉默也是一种有力量的反击"。

（4）恰到好处地表达情绪。——结尾部分给出"解决问题的方法论"，通过金句和名言相结合，提出论点："情商高的人，懂得恰到好处地表达情绪"。

从以上案例可以看出，文章是按照"案例 + 原因 + 意义 + 方法论"的结构，层层递进推出论点，最终提炼出"情商高的人，懂得恰到好处地表达情绪"的核心论点。

三、并列式结构提纲的搭建法

通过以上案例，相信各位读者已经对并列式文章的结构有了清晰的了解。并列式文章结构的提纲构思相对比较简单，首先列出文章的主题，然后围绕主题分解出几个并列的观点作为分论点，最后再在结尾处围绕文章核心论点进行升华，这样，一篇逻辑自洽、结构完整的文章提纲就搭建完成了。

1. 并列式结构文章样例

并列式结构文章的行文方式，就是围绕一个核心主题以"故事 + 道理"的方式阐述核心论点。其中，阐述核心论点的故事可以是正例直接阐述，也可以是反例反衬观点的合理性。并列式结构可以精简为公式："开篇内容—论点 1（故事 + 论证）—论点 2（故事 + 论证）—论点 3（故事 + 论证）—概括升华"。

接下来，我们以两篇具体的文章为例，学习并列式结构文章的构建方法。例如文章《人活到极致，就是学会忘记》的核心论点是"人需要学会忘记"，可以根据核心论点进行拆分，分论点分别为：（1）忘记别人对你的恶；（2）忘记你对别人的好；（3）忘记自己的成功；（4）忘记自己的不堪。四个分论点之间没有强逻辑关系，均可采用"观点 + 素材（事例或名言等）论证"的方式展开，围绕"学会忘记"这个核心论点来写。

又如文章《俞敏洪的"女性堕落论"，到底多可怕》的核心论点是"女性堕落论可怕"。根据核心论点以上统下，分论点分别以三个"女性堕落论可怕"的原因展开，在结尾部分进行总括升华，得出观点"一个国家对待女性的水平，代表了一个国家的水平"。全文一共可以分为四段，每段字数控制在 500 字以内，总字数在 2000 字左右。

根据以上分析可以看出，并列式文章结构较为简单、难度较低，也是很多初学者通常会选用的文章结构。一般可以分为三段式或四段式，其中四段式是在三段式的基础上，再增加一段内容进行总结和升华，以拔高文章主题。当然，有些文章的四段内容都是并列的，每段分析已经足够了，不需要再在结尾处进行总结。这个需要根据情况去选择，只要将主题及论点表述清楚即可。

2. 发散法与总结法

并列式文章提纲的关键在于，能够为文章的核心论点提供多个互不重复且类型相同的分论点，支撑起整个文章结构。在用思维发散法思考时，可以从清单式、意义式和原因式三个角度进行思考。

（1）清单式思维发散法

清单式思维发散法即根据文章的核心论点，以列清单的方式找到 3 到 4 个和核心论点不相重复的分论点。以《职场新人必须掌握的 4 个生存法则》为例，文章在"生存法则"的总论基础上，提出了四个分论点："快速熟悉业务""减少不必要的抱怨""与同事谦逊相处"和"提高工作效能"，是典型的清单式思维发散法。

（2）意义式思维发散法

意义式思维发散法即根据文章的主题，思考这一主题及其分论点对某件事带来的作用或者影响。某件事本身可能是很常见的，但是大部分人并没有意识到它可能带来的一、二、三点意义。在思考时可以深究其所带来的影响，探讨其论点背后更深层次的意义。比如在文章《婚姻中，好好说话有多重要》中，以最常见的"好好说话"为核心论点，分别提出"能让对方感受到你对他的尊重""能化解婚姻中的矛盾"以及"能让夫妻相处得更融洽"三个分论点，是典型的对核心论点进行拆分的意义式思维发散法。

（3）原因式思维发散法

原因式思维发散法是从核心论点出发，剖析核心论点形成的原因。比如在文章《为什么越努力越幸运？》中，作者对标题所提问题给出了原因式的回答，即"越努力，越优秀""越努力，心态越好""越努力，人缘越好"，从而得出文章的核心论点"越努力越幸运"。这就是以思考原因为出发点的原因式思维发散法。

3. 并列式结构的难点

并列式结构适用范围广，几乎任何选题都可以写成并列式结构文章。但有时"越简单，越复杂"。由于素材、思维发散程度、语言表达能力等方面原因，能否既将分论点找得恰到好处，又将其说清楚，是并列式结构搭建中最大的难点。

（1）并列式结构分论点具有发散性

并列式结构是将核心论点拆分成三个方面来叙述，就好比描述一栋新盖的三层楼，一些写作新手在搭建文章框架的时候，只是简单地介绍"楼房"的第一层、第二层、第三层具体有些什么，这是狭义范围所理解的并列式框架。

若站在读者的角度去考虑，他们也许并不只是期待了解每一层有几间屋子，也许还想知道楼房周围的环境、楼房的建筑原材料等信息。所以我们作者在列并列式框架时，不要单纯地向割裂核心论点的方向发散，而是要向不同角度、正反因果、深层意义等方向发散，从而衍生出分论点，这样写出来的文章才会更有深度。

（2）并列式结构素材具有新颖性

在并列式结构中，每一段内容都以"素材 + 论点"的形式展开。素材的选择程度直接决定了读者的感受，所以在选择素材时一定要精挑细选，本书第五章《完善内容"面"：素材是看点》也会为大家详细讲解素材的收集整理和运用方法。

通常情况下，为了让文章更具有说服力，素材内容一般可以是身边人的故事，名人或明星的故事，热点事件，社会事实，影视剧中的角色或事例缩影等。素材层次丰富一些，涉及面广一些，可以让文章在格局上显得更高远一些。

另外，由于每段素材位置是平行的，可以根据文章的整体基调来决定故事的排列顺序。优先将话题度最高的素材放在前面，能够增加文章的热度，再按照文章结构依次排列，使得文章内容通顺流畅，文章观点清晰明了。

四、递进式结构提纲的搭建法

对于一部分作者来讲，仅用500～600字很难叙述清楚一个分论点，那么不妨试试专注于一个具体的论点去深入探讨，这就是本部分内容要介绍的另一种较为常见的写作结构——递进式结构。

递进式结构与并列式结构的不同之处在于，并列式结构的侧重点在罗列要素，包括说明事情的原因、结果、危害及其意义等，而递进式结构的侧重点在于分析论点形成的原因，并给出改进方法。一般说来，并列式结构要求每段之间有很强的逻辑关系，采用层层深入的方式进行说理。这就要求作者具有很强的逻辑思维能力，不仅能梳理出文章的逻辑关系，还能带领读者一步步跟着作者的思维逻辑同步思考，最终认可作者提出的论点和改进方法。

1. "哲学三问"及其变体

拥有多年写作经验的作者大多会有一个共鸣，写递进式文章的本质，离不开著名的"哲学三问"："是什么，为什么，怎么办"。

所谓"是什么"，就是根据已经确定的选题方向找到文章的切入点，即在开篇亮出作者的核心论点。这一步操作，也符合我们在上文中讲到的结论先行的原则。

接下来，根据提出的论点，深入剖析论点形成的原因，也就是"哲学三问"中的"为什么"的部分。比如在《存钱，才是顶级的自律》一文中，文章开篇通过运用"女白领冲动预付 30 多笔网购定金"的事例引出文章论点"能够坚持存钱，才是一个成年人的顶级自律"。接下来，作者对论点进行了原因剖析，提出"存钱，就是给自己存退路"。最后作者为读者提供"怎么办"的解决思路，即针对前文提出的论点、剖析的原因，给出一个或多个解决问题的观点性办法。

科普文中经常使用这种结构，比如作者心照顾的文章《打个喷嚏就骨折？别不信！可能是这个原因导致的》中就是从"打个喷嚏引发 9 段骨折"的事件引入，按照以下结构展开的：①骨折的原因是骨质疏松（是什么）；②骨质疏松的成因及常见症状（为什么）；③如何预防骨质疏松（怎么办）。文章条理清楚，可读性强，流量也很高。不过，如果大家将这样的套路原封

不动地用在观点文、情感文中，难免会有生搬硬套的感觉。于是，就有了"哲学三问"的变体，即"提出问题—分析问题—解决问题"。

比如在情感成长类文章《40岁高圆圆宣布怀孕：成为母亲之前，请先做一个女人》中，以高圆圆宣布怀孕事件引出论点，提出了"请让女人首先成为她自己，其次才是母亲"。随后按照如下结构书写。①几乎全民都在催高圆圆生小孩，但高圆圆自己却一点也不着急。不生孩子有错吗？（提出问题）②认为不生孩子有错的人都付出了代价。（分析问题）③不被生孩子绑架的女性活出了自我。（分析问题）④每一个女人生来都是一个鲜活的生命，而最好的归宿恰恰是她自己。（解决问题）

这是一篇典型的按"哲学三问"结构列提纲的文章。其中，提出问题就是根据选题切入的观点提炼问题；分析问题，重点在于对问题的深度思考；最后，解决问题，可以通过查资料来给出方法论。

2. 培养逻辑的路径

通过按"哲学三问"结构列提纲可以看出，最难、最重要的部分是对问题进行深入思考，需要作者培养个人的思考能力，本书从"情绪—理性—微观—宏观"这四个维度进行分析。

以上文关于高圆圆的文章为例。

（1）分析问题层面

作者需要"追问原因及原因背后的原因"，即不断向前追问，也就是不断问自己"为什么"。首先问自己为什么不要把生孩子当作唯一价值——因为女性的人生价值不只有生孩子。其次问自己为什么生孩子不是女性唯一的价值——因为女性还可以有更广阔的选择空间。根据回答继续提问选择更广阔的空间意味着什么，进而给出答案：可以获得超乎想象的体验感，人生会更值得。于是，我们得到了论点形成的原因：女性还拥有更广阔的选择空间、超乎想象的体验感、更值得的人生。

（2）追问结果层面

与追问原因相似，追问结果要求作者不断向后追问结果，不断问自己

"如果这样做会怎样"。首先问自己如果女性把生孩子当作其唯一价值，会怎样。答案是会丧失很多体验。其次继续追问若丧失很多体验会怎样。答案是会在任何时候都优先考虑孩子，丧失自我。于是，我们得到了论点形成后的结果。

3. 归纳推理与演绎推理

递进式结构要求段与段之间有很强的逻辑关系，层层深入说理，需要作者具备缜密的逻辑思维能力，《金字塔原理》一书中提出的两种逻辑思维方式，在递进式结构思维方式中非常常见。

演绎逻辑，即按照前文讲的"是什么—为什么—怎么做"的逻辑逐步推导。这种思维模式一般用于在已经知道"为什么"的前提下，证明观点的合理性。归纳逻辑，即采用从个别到一般的推理方式。通过推理某项具体事物，将其扩大到更大的认知范围，即通过特殊的、具体的例子，推导出一般性的原则。比如说根据大前提"所有的 NBA 运动员都是专业篮球运动员"和小前提"姚明是 NBA 运动员"，我们能够推导出结论"姚明是专业篮球运动员"。在使用归纳逻辑思考时，需要注意大前提和小前提的划定范围，避免出现偷换概念、逻辑不通的问题。在思考的过程中，演绎推理和归纳推理应该是相互联系、相互补充且不能分割的。演绎推理有时候需要以一般性的知识为前提，而一般性的知识通常需要通过归纳推理来提供。合理地利用好两种思维，可以让文章的逻辑更加缜密。

4. 递进式结构的难点

相比于并列式结构，递进式结构的逻辑更加缜密，列提纲时的难点主要在于存在逻辑误区。接下来，我们来了解一下常见的思维误区。

（1）知识的诅咒：论证过程缺失

什么叫作"知识的诅咒"？一般说来，即在表述时忽略了对方的经验、阅历和地位，想当然地解释自己已经熟知的事情。不管别人和你说什么，你都从自身的角度和专业出发，不停地向对方解释，最终导致无效沟通。

《了不起的盖茨比》中有一句经典的台词："不是所有人都和你一样，

接受过如此高等的教育。"同理，并不是所有读者都和作者一样受过专业的训练，或是系统地学习过某些领域的知识。作者在写作过程中，不能臆测读者可能知道的内容，而是要通过完整的推导过程去传达观点。多以读者的角度思考是否能够接受作者的观点，这样才能避免论证过程缺失的问题。

（2）因果错乱：二元事件的因果关系

一般说来，我们能够通过 A 推导出 B，但是通过 B 无法推导出 A。我们在进行选题推导时要注意避免出现因果错乱的情况。

以选题"越懂得弯腰的人，越容易成功"为例，素材的第一种用法是"马云懂弯腰，在阿里巴巴盛名之时急流勇退，这就是他的功守道"，素材的第二种用法是"马云是个懂弯腰的人，他做了某事，从中得到了某些启示，最终获得成功"。

哪一种素材用法更能贴合选题？显然，第二种用法更贴合选题，通过对马云的具体事例进行介绍与分析，论证了观点"懂弯腰的人更容易成功"。而第一种用法更贴合的选题是"强者都懂得弯腰"，通过描写强者身上的品质引发读者思考，呼吁更多读者去学习。

（3）偷换概念：三段论的推导

我们在进行三段论推导时需要注意其推导过程。三段论是有一个一般性的原则（大前提）以及一个附属于一般性的原则的特殊化陈述（小前提），由此引申出一个符合一般性原则的特殊化陈述（结论）的过程。比如若大前提是"很多宝妈都是全职在家带孩子"，小前提是"小王是宝妈"，则无法推导出"小王全职在家带孩子"的结论。

5. 并列式结构与递进式结构的选择

前文已经介绍了并列式结构大纲与递进式结构大纲的具体行文逻辑，那么在写一篇文章时如何进行结构的选择呢？

并列式结构的普适性比较强，它几乎适用于任何文章类型，比如普通观点文或情感文：列出某事、某个观点对应的好处、坏处或其背后的意义；国学文：列出某一种传统文化或传统观点所展示出的鲜明特质；人物文：根据对选定人物的了解，从侧面表现出人物身上的特质；亲子文：偏亲子科普类内容，即孩子做到什么的几点好处，或是做不到什么的几点坏处。递进式结构侧重于对观点进行深入分析，一般常用于观点文（如情感、成长和职场类）和亲子文中，通过完整地阐述其原因、意义、危害，给出具体的改进方法。

实际上，两者的区别并不绝对，写作结构也不是一成不变的。我们在罗列大纲时，需要根据自己的选题内容以及对两种结构的熟悉程度进行选择。无论文章选择哪一种结构，其目的都是更好地展示文章主题。只要能够将文章的主旨阐述清楚，并且能够得到读者的认同，那就是最恰当的行文结构。

第三节
提纲的三种类型

掌握搭建提纲的方法后，就要开始练习列提纲。由于提纲的用途不同，提纲的列法也会有明显的差别。本节给大家介绍一下常见的三种提纲类型：一锤定音（简约）版、编辑审稿（核心）版及可进可退（复杂）版。

一、简约版：一锤定音版

简约版大纲适用于确立选题初期，能够帮助作者快速梳理文章逻辑，敲定整篇文章的大体框架。在列提纲时，仅需要确定每段内容的主要论点及叙述方式即可，具体素材和各分论点可以在后续完善大纲时进行补充。

以文章《人生活到极致，就是学会忘记》为例，我们可以这样列简约版大纲：①忘记别人对你的恶：如果总是纠结于不愉快的往事，正经历的美好时光也会被忽略；②忘记你对别人的好：没有期待就没有失望，没有失望就没有烦恼，只管做让自己快乐的事，该得的回报总有一天会与你不期而遇；③忘记自己的成功：人生就是一个不断努力向前的过程，走出舒适区，你就能以空杯心态重塑一个更好的自己；④忘记自己的不堪：每个人都会有自己不堪的经历，一味地沉浸其中只会让自己自卑痛苦，过不好当下，更看不到未来，忘记自己的不堪，就能甩掉自卑，勇往直前。

二、核心版：编辑审稿版

核心版大纲通常是提供给编辑看的大纲，其中包含素材和道理，便于编辑了解文章的主要素材和道理。提纲在编辑的审稿过程中起着举足轻重的作用。

以递进式结构为例，提纲结构通常有以下四步。①开头部分：引入素材＋核心论点；②提出问题：分论点＋素材＋论证；③分析问题：分论点＋素材＋论证；④解决问题：改进方法＋素材。

一篇结构完整的大纲，能够让编辑快速了解文章结构，有利于提高文章过稿率。

三、复杂版：可进可退版

复杂版提纲也可以理解为"小初稿"，因为它有完备的素材、观点和金句。一篇 2000 字的文章其大纲字数在 1000 至 1200 字。在核心版提纲中，我们通常只需要列出引用的素材，而复杂版提纲则要求作者对素材的运用进行概述。

比如，同样是对"父亲生病，差点离开至亲"的素材列提纲，核心版提纲仅需要作者用 1～2 句话勾勒出事情走向，而复杂版提纲则需要作者详细列出事情始末。

父亲生了一场大病，曾一度被怀疑患了癌症，我在恐惧和悲痛中熬过了三个多月。那段时间，我在几个城市来回奔波，经常会从睡梦中惊醒，满脸泪水。

那个时候的我，身心非常脆弱，不堪一击，动不动就会流泪。有时候，坐在办公室对着电脑，就会不自觉地泪流满面。

我不敢去想父亲的病，我害怕他撑不过去，那是我第一次如此近距离地直面有关生死的课题。我只希望父亲能尽早康复，其他生活工作中的烦恼压力真的不算什么，那些所谓的痛苦不及对父亲担忧的万分之一。

面对不可控的天灾人祸时，我们无能为力，只能听天由命。而生命中其他的一切，我们都可以靠努力去改变，真不算什么。

四、新媒体大号最喜欢用的审稿单

本书为大家附上两个新媒体大号编辑最喜欢用的审稿单，大家可以参考一下提纲的列法。

"洞见"对外征稿选题格式表

1. 概述	简述选题的内容和核心思想以及文章架构安排等
2. 标题	切忌"标题党"
3. 角度	用精练的一句话概括切入话题的角度
4. 结论	整篇文章传达给读者的最终观点

说明：右侧文字是对左侧选题要素的补充说明，填表的时候请清空。

"有书"对外征稿选题格式表

注意：用 Word 文档发给编辑时，必须将文件名改为：选题 + 笔名（10个字以内）。

"观点鲜明"部分为作者提交大纲时必填内容，详见模板案例。

模板案例

笔名	××××	选题	××××
提交大纲时间	4月27日18点	交稿时间	4月29日10点
文章核心论点（作者提炼）	这世间，除了生死，都是小事； 能够好好地活着，就是最大的幸福		
观点说明（100字以内）	汶川地震的幸存者与死亡擦肩而过，因为经历过生离死别，他们更懂得好好活着，就是最大的幸福。他们更明白生命的意义在于活在当下，珍惜身边的人，珍惜生命里的每一天和每一个机会，努力不辜负这份幸运，活出更好的自己。生命来来往往，来日并不方长，谁也不知道明天和意外谁先来临，天灾人祸，我们无法控制，其他一切，我们都可以靠努力去改变。这世间，除了生死，都是小事		
大纲			
开篇引入的核心论点（200字以内）	这段时间，一个又一个令人悲痛的新闻，让我们看到天灾人祸总是来得这么猝不及防。 2019年3月10日，埃航空难发生，短短6分钟内，157人无一人生还； 2019年3月31日，四川凉山发生的那场大火，让30名消防员在救火中不幸丧生。 他们还没来得及和家人、恋人、朋友说再见，就再也见不到了。 留下的是一个个支离破碎的家庭，他们又该如何承受这巨大的伤痛呢？ 看到这些生死离别的场景，我们才明白生命来来往往，来日并不方长，谁也不知道明天和意外，哪个会先来临。 要珍惜我们当下所拥有的一切，好好爱自己，爱身边的人。 这世间，除了生死，都是小事		
正文结构与提纲（例如有5个板块，每个板块提纲在200字以内）	第一段：介绍纪录片《初三四班》：距离2008年汶川大地震将近11年了，那些在地震中幸存的人现在过得还好吗？ 纪录片《初三四班》拍摄的就是十年后汶川地震中的幸存者的生活。 2008年5月12日那场地震中，北川中学初三四班37人全部幸存。 十年后，这群昔日十五六岁、穿着校服的少男少女已经长大，生活的重心也从学习变成了工作、结婚、生子。 班上的一位女生陆春桥把镜头对准他们其中的三个人，拍摄了一段32分钟的纪录片，并取名为《初三四班》。 "有太多的片子在讲述地震后人们的悲伤和痛苦，却没有人去讲述我们对生活的珍惜"，幸存者陆春桥拍摄这部片子的初衷，是希望记录下他们这代人的成长，讲述他们是如何在经历灾难后，去理解家庭与爱的。 许多同学的家庭都被这场地震拆散了。母志雪失去了父亲，地震时，她的父亲正在矿山上工作，没跑出来。何林烛失去了六岁的弟弟，那是一个活泼聪明的小男孩，头顶有两个旋。陆春桥一家是幸存者		

正文结构与提纲（例如有5个板块，每个板块提纲在200字以内）	第二段：引用素材，提出分论点"要活在当下，珍惜生命，活出更好的自己"：他们从这场灾难中幸存下来，对现在拥有的一切都非常珍惜，更懂得了生命和家的重要性。 余华在《活着》中写道： "你千万别糊涂，死人都还想活过来，你一个大活人可不能去死。 人是为活着本身而活着，而不是为了活着之外的任何事物所活着。" 对于生者来说，最重要的是活在当下，珍惜身边的人，珍惜生命里的每一天和每一个机会，努力不辜负这份幸运，活出更好的自己。 第三段：引用素材，提出分论点"能够好好地活着，就是最大的幸福"：这让我想起了自己的故事。2017年，我差点以为我要失去自己的父亲。 父亲生了一场大病，曾一度被怀疑患了癌症，我在恐惧和悲痛中熬过了三个多月。那段时间，我在几个城市来回奔波，经常会从睡梦中惊醒，满脸泪水。 那个时候的我，身心非常脆弱，不堪一击，动不动就会流泪。有时候，坐在办公室对着电脑，就会不自觉地泪流满面。 我不敢去想父亲的病，我害怕他撑不过去，那是我第一次如此近距离地直面有关生死的课题。我只希望父亲能尽早康复，其他生活工作中的烦恼压力真的不算什么，那些所谓的痛苦不及对父亲担忧的万分之一。 面对不可控的天灾人祸时，我们无能为力，只能听天由命。而生命中其他的一切，我们都可以靠努力去改变，真不算什么。 木心在《文学回忆录》中说： "奉劝各位，除了灾难、病痛，时时刻刻要快乐。 死亡和灾难是不速之客，有时候它的降临，甚至都不会敲敲门。" 能够好好地活着，就是最大的幸福。 第四段：引用素材，重申核心论点：于娟曾在《此生未完成》中写道："在生死临界点的时候，你会发现，任何的加班、给自己太多的压力、买房买车的需求，都是浮云，如果有时间，好好陪陪孩子，把买车的钱给父母买双鞋子，不要拼命去换什么大房子，和相爱的人在一起，蜗居也温暖。" 我们总是在经历过生死的考验后，才会明白生活的可贵。 我们总是走得太快太远，慢慢忘记了为什么出发，忽视了重要的人和事。 纳博科夫说过："人生有三样东西是无法挽留的：时间，生命和爱，你想挽留却渐行渐远。" 这世间总有太多的东西无法挽留，生活从来都不可预测，你总以为来日方长，可一不小心就是后会无期。可能这一次见面，就是我们的最后一面。 去做一直想做的事，去见一直想见的人，去说准备了很久的话。 满目疮痍的时光总会过去，缓缓向前的，永远是生活。 挫折会来，也会过去，热泪会流下，也会收起。没有什么可以让我们气馁的，因为，我们有着长长的一生。 世间除了生死，其他都是小事，只要好好地活着，就是我们人生最大的意义

续表

备注	1. 专栏文章虽然有一定的认知性，但是也属于新媒体文，既要有认知性也要有可读性的情节； 2. 文字忌讳生涩，例如笔者认为……； 3. 若开头前三段不吸引人，编辑会拒稿； 4. 请作者投稿前仔细阅读此表格

总而言之，列提纲对于写作至关重要。它既可以帮助作者从全局把控文章，也能够提高作者的写作效率，让文章更加通顺流畅。

大家平时要多拆解好文章的结构，看看其作者是按照何种思路去构思文章的，有意识地去锻炼自己的逻辑思维，提高自己的思考能力。毕竟，要想写出好文章，最后拼的都是作者的思维能力水平，而思维能力水平的高低就体现在文章结构上。

参考书目

[1] 罗伯特·陆德伦. 谍影重重 [M]. 冯宇，译. 重庆：重庆出版社，2006.

[2] 芭芭拉·明托. 金字塔原理 [M]. 汪洱，高愉，译. 海口：南海出版公司，2014.

第 五 章

完善内容"面"：
素材是看点

本书前两章中介绍了如何打造选题及搭建提纲，本章将讲解完善内容"面"的素材。所谓素材，就是文章结构中的故事部分。新媒体文的结构是故事＋道理分析，素材就是其中的故事部分。

简单说来，素材就是一篇文章的血肉。从内容角度讲，如果没有合适的素材填充，只是干巴巴地讲道理，文章就会变得索然无味；从写作角度讲，素材就像是煮饭用的大米，没有米，再娴熟的烹饪技巧也不起作用。通俗来讲，如果找不到合适的素材来支撑你所表达的观点或情绪，那你写出来的文章效果会大打折扣。

为什么一篇文章中一定需要素材呢？因为几乎没有读者愿意听大道理。另外，如果文章只讲道理，引用的素材不够充分，则不能构成一篇论述完整的文章。由此可见，素材对于文章的重要性。而现在网络上的很多素材，大多又老、又旧、又假、又俗。如一提起美好的爱情，人们就会想到《致橡树》[1]中木棉树和橡树的互相依偎；提起亲子情就会想到妈妈给幼小的儿子喂饭；提起夫妻就会想到钱锺书夫妇；提起自律就会想到王安石……这些经常被引用的经典素材，读者看多了也会觉得厌烦。还有一部分作者，因为找不到合适的素材，就胡编乱造，大大降低了文章的真实性和可读性。所以，能够找到合适的素材，并把素材放到合适的位置，是每一名新媒体作者必备的技能。

如果你是新媒体写作新手，平时看微信公众号文章、看书、看新闻可能都是一看而过，没有随时记录、收集素材的习惯，这会导致写文章速度很慢，还会影响写作思路、写作效率，所以，要养成积累素材的习惯。

在写作初期，很多作者都会出现这样的情况：明明有想法却苦于没有素材支撑，一篇文章也就不了了之了。因此，本章的主要内容，就是教大家如何搜集素材，了解素材的来源。通过本章的学习，相信你在写作过程中会获得源源不断的灵感，本章内容如图 5-1 所示。

图5-1　完善内容"面"示意图

第一节
积累素材：三类素材助你文如泉涌

想要了解如何高效积累素材，要从基本的素材分类说起。通常来说，新媒体文常用的素材类型可以分为以下三类：独家素材、积淀素材和易得素材。素材类型不同，对应的积累方式也不相同。除此之外，不同的文章类型所需素材也不同。所以，我们尽量要按文章需求积累，常见三类素材内容如图 5-2 所示。

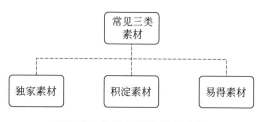

图5-2　常见三类素材示意图

一、独家素材的积累

独家素材，指的是作者独有的素材。这类素材可以是平时生活、工作中发生的真实事件，也可以是家人、朋友亲身经历的事情，只有你知道的素材，才是你独家专属的内容。

比如被《人民日报》、新华网等多家官媒转载的这篇文章《成功的道路并不拥挤，别那么早放弃》，就是一篇非常典型的作者利用独家素材完成的励志文。文中的表弟考研的素材、杜老师练习书法的素材以及作者自己学习写作的故事，都是作者本人的独家经历。

在大家眼里，这些故事也许很普通、很平凡、很常见，也许会认为算不上独家素材。但事实上，平凡普通的故事才是独家素材的价值所在。

独家素材具备"共鸣属性"。我们每个人都是平凡人，无论你是宝妈、学生、职场人，还是正在遭受性别歧视、"996"、中年危机——恰恰是因为世界上有无数人遇到了和你相似的困境，拥有和你相似的心情，所以，你的独家素材正是激发与你有相似人生阅历的人群共鸣的有力武器。

独家素材具备"唯一属性"，虽然世界上有很多片相似的叶子，但绝对找不出两片完全相同的叶子。不同人的人生阅历、知识储备、生活环境、社会地位不同，所以不同人的语言表达、行为习惯及思维过程，都会有细微的不同。所以，独家素材之所以具备"唯一属性"，是因为它完完全全只属于作者自己。

比如每位学生可能都遇到过面对重要考试想放弃的时候，但具体到考研和压力太大向家人哭诉这两个细节上，就成了他的独家素材；比如学习一门新技术，很多人都有想要放弃的时候，但是具体到学习书法和经过努力后取得的具体的考级分数，就是一个独家素材。

因此，这类素材的第一种搜集方法，就是学会利用并收集自己生活中的点滴小事，职场、家庭、情感中的任何一个方面皆可，把那些你觉得有冲突的、有情绪波动的、有所触动的、有价值的自己或身边人的故事记录下来，从而不断丰富自己的素材库，积累更多的素材。长此以往，在你真正动笔写作的时候，这些素材就是你最宝贵的财富。

大家不妨尝试给自己设立一个目标，每天晚上睡前做一个复盘，回忆一下今天有哪些事件值得记录，然后一一记录下来。在后期的写作中，这些记录都将是你的独家素材。另外，你也可以在日常生活中多留心与身边人交流，遇到有感触的事情，可以记录、积累下来，让它们成为你素材宝库中的一部分。

二、积淀素材的积累

积淀素材，指的是不太容易被立刻搜集到的素材，它是需要作者本人通过长期输入的积累，建立并丰富自己的素材库，才能沉淀下来的素材类型。

日常写作中，最常见的积淀素材来自于你平时看过的书。每个人都有自己的偏好，因喜欢的书籍类型不同，所以沉淀下来的素材内容就各有特色。我们可以将书中对自己有触动的故事、金句统统收录进我们的素材库里。在写作时，只需用关键词搜索，就能找到对应的素材内容。

其次，积淀素材来自经典的影视剧和纪录片。如果想写出高质量的作品，那就不能只把看剧当成休闲娱乐活动。对于文字创作者而言，日常的点滴都是素材来源，影视作品亦是如此。尤其是热门的影视作品往往自带热度，能帮助作者斩获更高的流量。

最后，积淀素材来自你的专业技能。专业技能结合写作能力，就能产出专业的科普文。例如本书作者理白的主业是医生，所以理白的专业技能是医学科普，理白合作的大品牌之一就是医学领域的头部账号。与此类似，理白也可以扩展写相应领域的干货文，如医学、育儿、财经、时间管理等领域。每个人自身的专业技能与写作能力相结合，都能产出高质量文章。

有时候，一些明星八卦、深度知识、冷门领域知识等，也能当作你的写作素材。总而言之，任何你能接触到的东西，都能转化为你的素材，取决于你如何应用在文章中。

比如在《采访了十个身价过亿的首席执行官，我终于看懂了有钱人的"奋斗"》这篇文章中引用的互联网巨头年轻时的故事和《燃点》的剧情内容，都属于积淀素材，需要作者经过长期积累才能获得。

积淀素材虽然是人人都能查到的素材，但由于它的检索难度较高，且在互联网上呈现出碎片化的状态，所以，不常出现在各个微信公众号文章当中。积淀素材是别人不容易在网上搜到的、是稀缺的。也就是说，积淀素材的运用可以增加文章的竞争力。毕竟，稀缺性就是最大的价值。

积淀素材可以给读者眼前一亮、耳目一新的感觉，能够非常有效地避免文章内容老套、陈旧等问题。那我们在平时该如何练习搜集积淀素材呢？可以从以下 4 个方面入手。

1. 养成做读书笔记的习惯

建议使用石墨文档、腾讯文档、飞书等支持电脑、手机同步使用的平台做读书笔记，更便于检索。在做笔记时，要注意按类别分类，如分为好故事、好金句、好选题等。根据自己的需求，分门别类归纳好，这样在写作时，才能更快查找到。

2. 随手记录有感触的任何要素

在日常看剧、看综艺、看电影、看纪录片时，要养成随手记录让你有所触动的内容。它可以是一句台词也可以是一个镜头画面，哪怕是一个小小的细节都值得记录。要做一个有心人，一个合格的新媒体作者，应该懂得带着目的去看影视作品。

3. 关注相关专业网站

如果你是某专业领域的研究人员，那么在日常积累素材中可以多关注一些与你所写领域相关的专业网站。如最新研究报告、最新统计数据等，这些都属于专业素材。可以将其及时记录下来，应用在自己的文章中。

4. 随手做好留存工作

如果素材是图片，应及时截图，将图片留作备用。无论是用来发朋友圈，还是用来做新媒体账号相关内容的配图都可以。如果素材是视频，记得随手存好视频链接。若在文章中需要用到视频素材，可以在投稿时附上链接，这样既能清晰表明素材来源，又能给编辑留下认真严谨的好印象，达到事半功倍的效果。

三、易得素材的积累

易得素材也叫作网络素材，这类素材的劣势是重复率太高，但优势也特别明显，那就是对写作者来说很容易搜索到。所以，哪怕你的素材库不是特别完善，也没关系，在需要素材的时候，随用随搜即可。

容易在互联网上检索到的素材主要包含以下两种：热搜素材和明星素材。热搜素材，指的是社会新闻、娱乐新闻等，通常在常用的社交软件上就能找到。如微博有热搜，知乎有热榜，这些都是大众感兴趣的内容。明星素材，指的是公众人物的素材，这里不单指娱乐明星，如奥运冠军林丹、商界名人马云、文化界名人刘慈欣等人都算在内。

　　比如《孙俪助理生娃当天复工被吐槽："你对拼命是不是有什么误会？"》一文就是一个典型的例子。这篇文章的第一段，用的是孙俪的热搜素材；第二段开头，用的是网上搜到的金句素材；第三段，用的是知名电视人马东的素材。全文用到的素材都属于易得素材，大家可以在网上研读一下此篇文章。

　　关于积累网络素材，本书给各位读者的建议是，多培养互联网网感。可以多了解各种网络"热词"，或关注"新榜"等新媒体干货类平台，常见的几大主流热搜渠道如微博、知乎、抖音、小红书等都要关注到。微博热搜，通常是评论和互动最快、最全、最多的素材平台。知乎热榜，更偏专业性、垂直性、故事冲突性素材及普通人的素材等。如果暂时没看到想写的热点，可以将其当作"积淀素材"记录下来。记得多关注评论区，因为在网友们讨论得最热闹的地方，往往蕴含着爆款选题。

　　最后，我们来做一个复盘和总结。从素材的独特性来看，独家素材最优，积淀素材次之，易得素材最后；从素材的传播性来看，易得素材最优，积淀素材次之，独家素材最后；从获取素材的难易程度来看，易得素材最优，积淀素材和独家素材次之。

　　归根结底，我们在积累和使用素材时，要养成以下两个好习惯。一是无论是什么种类的素材，都要及时收集、整理和记录。二是写文章时，要尽量做到素材多元化，将多种类型的素材排列组合起来，这样写出来的文章才不至于太过单调。同时，多种素材结合，也能使文章的信息含量更加丰富，更有深度，更让读者信赖，更受编辑欢迎。需要注意的是，积累素材一定要符合自己的习惯，找到最适合自己的收集方式，这样使用起来才能更加得心应手。

第二节
检索素材：四大方法助你高效查找

对写作新手来说，最难的不是积累素材，而是如何检索素材。在当今时代，互联网信息冗余是常态，我们在网络上检索信息时会看到各种广告、新闻和文章，有时检索不到自己需要的素材。遇到这种情况，也许是我们检索素材的方法有待提高。若想高效检索素材，不妨试试如下四种方法，内容如图 5-3 所示。

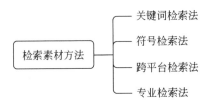

检索素材方法——关键词检索法
——符号检索法
——跨平台检索法
——专业检索法

图5-3 检索素材方法示意图

一、关键词检索法

关键词检索法，第一步是提炼关键词，第二步是查找关联词，第三步是开启检索步骤。这是最简单也是最常用的检索方法，其中较难的部分是对关键词的提炼。关键词提炼的准确度，决定了检索结果的准确度。针对这个问题，本书建议大家多查找几个相关联的关键词，多角度检索素材，这样检索结果的精准度更高。

以"容不得别人批评就是最大的自卑"这个选题为例，如果这篇文章的大纲为：

第一部分：你争辩的样子，暴露了你的自卑；

第二部分：逃避，解决不了任何问题；

第三部分：强者，直面批评；

第四部分：批评的最高境界是自省。

我们在用关键词检索法搜集素材时，第一步提炼出来的关键词应该是批评、自卑、争辩、逃避、自省。第二步去找关联词，我们可以围绕选题本身，从正反两个方向思考。如：

批评（正向）：指责、说教、说服、教育

批评（反向）：面对批评、直面批评、认错、敢于认错、勇于认错

自卑（正向）：懦弱、不认同自己、高敏感、无能感

自卑（反向）：不自卑

争辩（正向）：逃避批评、狡辩、争论

争辩（反向）：不争辩

逃避（正向）：躲避、畏惧、畏难

逃避（反向）：不逃避

自省（正向）：不逃避、不争辩、反思、反省

自省（反向）：不自省，不反思

确定好具体的关联词后，就来到第三步检索。最高效的检索方法是先检索"批评"与"自卑"。如果没有找到合适的素材，那就将以上所有关联词排列组合依次检索。两轮检索过后，一定能找到你需要的素材。这个检索方法的核心是扩大检索面，确定的关联词越多，检索到的素材越多，素材的匹配度和精准度也更高。

二、符号检索法

百度作为我国最知名的搜索引擎，其强大显而易见，但很少人能高效利用它。如果只会单纯地检索关联词，检索效率会大大降低。但如果掌握了本书提供的如下检索技巧，检索结果的精准度会提升很多。

1. 使用双引号检索，提高精确匹配度

通常情况下，如果我们直接检索关键词，那么关键词很可能会被拆分成

不同的词语呈现出来，但若在检索时为关键词加上双引号，就能实现对关键词进行整体查询。

如在检索关键词"健康暴富"时，如果不对关键词添加双引号进行检索，那么检索结果就是拆分开的词语，如图 5-4 所示。

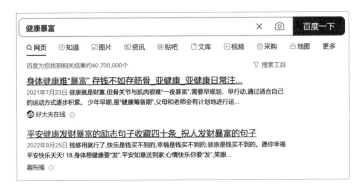

图5-4　健康暴富检索示意图

如果对关键词添加双引号进行检索，那么检索结果就是整体未拆分的词条，如图 5-5 所示。

图5-5　"健康暴富"检索示意图

2. 使用减号检索，去除无关信息

在相关关键词之间添加减号可以帮助我们排除不相关内容，有利于缩小检索范围，实现精准检索。

如在检索关键词"武侠小说"时，如果我们不需要"金庸"的作品，那么可以输入"武侠小说 – 金庸"进行检索，如图 5-6 所示。

图5-6　武侠小说-金庸检索示意图

需要注意的是，前一个关键词和减号之间必须有空格。否则，减号会被当作连字符处理，失去其应有的语法功能。减号与后一个关键词之间有无空格皆可。

3. 使用加号检索，扩大检索范围

在相关关键词之间添加加号进行检索可以扩大检索范围。

如若想同时检索"时间管理""金句""李笑来"三个关键词，可以输入"时间管理 + 金句 + 李笑来"进行检索，如图 5-7 所示。

4. 使用"起始时间 – 结束时间"检索，精确时间范围

如果你想检索特定时间范围内的相关素材，可以在关键词后面加上起始时间和结束时间。标准检索公式是关键词 + 起始时间 – 结束时间。

图5-7 时间管理+金句+李笑来检索示意图

如想查找 2019 年至 2022 年出版的时间管理类书籍，就可以输入"时间管理新出版书籍 +2019-2022"进行检索，如图 5-8 所示。

图5-8 时间管理新出版书籍+2019-2022检索示意图

5. 使用竖线检索，提高检索全面度

如果你想同时检索关键词 A 和关键词 B，可以输入"关键词 A | 关键词

B"进行搜索。它代表的意思是检索"包含关键词 A，或者包含关键词 B"的网页。使用同义词做关键词并在各关键词中间使用"I"运算符可提高检索的全面度。

如想检索时间管理或精力管理相关内容，则输入"时间管理 I 精力管理"进行检索即可，如图 5-9 所示。

图5-9　时间管理|精力管理检索示意图

6. 使用书名号检索，精确匹配电影或书籍

书名号是百度搜索引擎特有的一个查询语法。只要在检索时为关键词加上书名号，就能精准检索到相关电影或小说。

如想检索书籍《精力管理》，如果检索时不添加书名号，检索结果会出现书籍、方法论、基本定义等内容，如图 5-10 所示。

如果检索时添加书名号，即输入《精力管理》，那么检索结果就是精准的书籍内容，如图 5-11 所示。

图5-10　精力管理检索示意图

图5-11　《精力管理》检索示意图

以上内容就是符号检索法的作用，它能帮助我们有效提高检索效率，快速找到需要的素材。除此之外，百度搜索引擎还有很多助力快速搜索的小技巧，大家可以自行探索。

三、跨平台检索法

在同一平台，我们可以通过不同的检索方法，提高检索效率。在平台选择上，我们可以综合多方平台进行检索。常用的检索平台有微博、知乎、腾讯视频、微信读书等，任何你能想到的，有检索功能的平台，都可以成为你的素材搜集利器。

微博，更适用于检索明星、热点类素材；知乎，则偏向于普通人的故事、专业领域类相关素材；腾讯视频，适合检索热门影视剧、热门综艺类素材；微信读书，则适合检索专业书籍类素材或名言金句类素材。

另外，我们常用的微信自带的检索功能非常强大。通过输入关键词，可以检索到相应的直播、读书、表情、新闻、微信指数、朋友圈、视频号、文章、公众号、小程序、音乐、百科等数十个模块的内容，如图5-12所示。

图5-12　微信检索示意图

以上内容就是跨平台检索的作用，其能够扩大检索渠道，帮助我们搜集到各种类型、各个领域的优质素材。

四、专业检索法

专业检索法，适用于写专业性较强的文章时使用。这类文章需要有专业数据支撑，或专业领域资料背书。常见的搜索渠道为各专业领域的官方网站。根据我们想要研究的领域或想要获取的领域素材，选择输入"具体领域 + 网址导航"进行检索，即可检索到专业网站推荐合集。

这里，我们以医学网址导航为例，首先点开任意浏览器直接检索"医学网址导航"，就能看到相应的专业网址推荐内容。接下来进入专业医学网站，直接用"关键词检索法"检索需要的素材即可，如图5-13所示。

图5-13　医学网址导航检索示意图

当然，如果你本身就是某专业领域的专家，那相应的专业网站、渠道一定熟知不少，可以直接登录官网检索素材。如在中国知网平台就能检索到很多专业性很强的论文。要想把文章从专业角度写出深度，离不开专业素材的积累与运用。

最后，在素材检索过程中，还有三点注意事项。

第一，一定要鉴别素材来源的真伪，尽量找到素材源头。这样才能保证我们检索到的素材是第一手资料。如果不追根溯源，直接将其运用可能会导致文章歪曲事实，或被判定为洗稿、抄袭行为，得不偿失。想要追根溯源，最好的方法就是扩大检索范围，增加检索内容。

第二，要养成平时积累素材的好习惯。素材的累积不在于一朝一夕，而在于长期积累。这样才能在需要素材的时候，匹配到合适的素材。而积累素材的关键之处在于搭建一个逻辑清晰、便于检索的素材库。具体的搭建原则可以参考本书第二章讲过的素材库搭建方法，按照自己的写作需求，准备好素材库，平时多注意积累。

第三，要灵活运用各种检索方法。检索方法不是唯一的，只要能检索到理想的素材，任何一种方法都可以使用。但不同的检索方法，对应的功能导向不同。关键词检索法，旨在扩大检索范围；符号检索法，旨在提高检索效率；跨平台检索法，旨在扩大检索渠道；专业检索法，旨在提高检索深度。我们可以根据自己的写作需求，灵活选择、搭配运用不同类型的素材检索方法。

只要掌握了本节这四种素材检索方法，并能将其熟练应用，那么在后期文章写作中，作者就不用担心没有素材可用。

第三节
素材加工：做好素材筛选加工，写出优质好文

在写作过程中，只会检索素材还远远不够，因为不是所有的素材都适合运用在文章中。想要写出逻辑清晰、有理有据的高质量文章，我们还要学会对素材进行鉴别、筛选与组合。很多新媒体写作新手，在素材搜集阶段都会有这样的疑惑。"我怎么感觉每一个素材都很合适，到底应该选哪个呀"？"我好像没找到合适的素材，这可怎么办"？出现这两种情况，很有可能是作者不懂素材的筛选与加工。

寻找素材就像是在海边捡拾雕刻用的石头，没有一块石头会完全符合我们的需求。我们要找的是尽可能与文章需求契合的素材。契合度越高，后期加工才越顺畅。不同素材之间的差别，是加工难度的高低。因此，放下完美主义，明确鉴别、筛选素材的标准，才能让我们在素材加工过程中游刃有余。

一、素材的鉴别

文章写得好，素材少不了。素材很好找，但好素材却很难找。那么什么样的素材才算是好素材呢？本节总结了三条判断标准，内容如图 5-14 所示，供大家参考。需要注意的是，本节提到的好素材标准，指的是素材库中的标准，而非文章正式写作中的标准，请勿混淆。

图5-14　好素材标准

1. 适用性广

适用性广指的是一个素材可以有多种用途，可适用于多个场景的写作。即素材中所含事件或人物，含有多个关键词，不管从哪个角度来写，都有很多方面的内容能为我们写作所用。

如明星类素材——胡歌隐婚生女事件，如果从正面角度来写，我们可以写他为了保护演艺圈外的妻子、女儿降低曝光度，并结合他以往优秀的影视作品与演技好评如潮的口碑，将他塑造成一位顾家、爱妻子、爱女儿的好男人形象。

如果从负面角度来写，那就可以写他对工作和家庭不负责任。我们可以通过写他作为一个演员，近年来未有代表作问世，并且在妻子和女儿被网友曝光时，并未及时站出来回应等事件来塑造他对工作和家庭不负责任的形象。

这种可以从正反两方面来写的素材，就属于适用性广的素材。通常一个素材积累下来，能当作好几个素材运用。至于具体怎么写，还得结合文章的立意，看我们想表达什么观点。

2. 代表性强

代表性强指的是素材有明确的特点指向，类似于我们常说的标签。看到它脑海中第一个想法就是它的特点，如想起成都就会想到火锅，想起北京就会想到烤鸭等。运用代表性强的素材能够让我们的文章具备更强的说服力。

如一提到杨绛先生，我们就会想到她的才华，尤其是她那本广为人知的《我们仨》。又如一提到林徽因，我们就会想到她是一个集建筑、艺术成就于一身的奇女子。

这种有着极强个性特征的素材，就属于代表性强的素材。只要一提到这个素材，第一反应就能想起它的特点，对于读者而言，你所给出的观点，说服力自然也就更高，带入感更强。

3. 可信度高

在前面的章节中，我们提到过写作素材一定要保证真实性，不可随意捏造。这里的真实性，就是我们对好素材的第三个要求标准，即可信度高。在找素材的过程中，难免会遇到一些不可思议的内容。如北大博士生弑母，如果是上过热搜、新闻，且有真实截图的就可以用。但如果是在知乎上看到的，就需要再三斟酌，因为其可信度并不高。这种极端案件，出现概率低，难免会给人一种胡编乱造的即视感，造成不好的阅读体验。

想要保证可信度高，太反道德、反常识的素材都得谨慎积累。如果要积累，也需要存好素材来源，确保真实可靠，再做二次加工。应用在文章中时，最好能有相应的新闻配图，支撑观点的表达。

需要注意的是，这三个特点并非要全部满足，满足其一就可以收入素材库，用在日常文章写作中。当然，好素材的标准并非是固定的，具体判断依

据，还是要根据个人需求与具体文章立意来看。

二、素材的筛选

如果说素材的甄别，是挑选出好素材，那素材的筛选，就是找到合适的素材。素材千千万，合适是王道。素材选得好，但与主题契合度低，或是素材运用不当，再好的素材也是白搭。这就是我们常说的素材适配度问题，就像找伴侣一样，最好的不一定是最合适的。那怎样才能找到与文章主旨契合度高的素材呢？时刻谨记一个标准，素材永远是为观点服务的。

例如我们想表达的观点是自律给你自由。素材一，女明星陈意涵非常自律，为保持身材，数十年如一日，坚持跑步健身。素材二，自己养成了自律习惯，再也不用手忙脚乱，每天井然有序，成功摆脱忙碌状态。如果是你，你会选哪个？答案是，没有绝对的好坏。如果你的文章"自律给你自由"是面向女性群体，则素材一身材自由的快乐与她们更为契合。如果你的文章是面向大学生、职场人士，那素材二的契合度更高。

你看，素材的筛选绝不是要选出最好的，而是要选出最合适的。与文章观点契合，对目标读者更有吸引力的素材，就是文章中的好素材。

三、素材的入库

学会素材的鉴别与筛选后，下一步就要将其收入素材库了。在这里我们要强调一下，想要建立一个系统、完善的素材库，绝对离不开以下这两个好习惯的加持。

1. 养成收集的习惯

好素材从来不会凭空出现，需要我们主动去检索。但当你没有明确的写作主题时，素材检索都不知道该搜什么关键词。这就要求我们在日常工作、生活、学习的过程中，养成随手收集素材的好习惯。如果你还不知道收集什么素材，不妨从以下几个方面入手。

（1）养成读书习惯

养成良好的读书习惯，最好能做到每天读书 20 分钟。在阅读过程中，无论你读的是什么类型的书籍，看到有感触的金句、故事、观点素材，都可以随手记下来，收集到素材库中。

（2）养成浏览新闻的习惯

现在很多朋友拿起手机就是刷抖音、小红书，很少去关注一些社会新闻。可以的话，不妨多看看今日头条、微博热搜，多了解一些社会新闻，就会发现随处都是可写的好素材。

（3）养成阅读微信公众号文章的习惯

作为新媒体文最大的发布平台，微信公众号文章绝对算是积累素材的天然"聚宝盆"。我们可以在《新榜》微信公众号上关注每日爆款文章，了解大家喜欢的热点话题，还能顺带学习优质文章。养成多看、多学的好习惯，不知不觉还能锻炼网感。

2. 养成整理的习惯

收集好的素材，还需要做好分类整理，才能在需要用到的时候，快速定位，找到合适的素材，省下查找的时间成本。否则，素材库一团乱麻，查询时的艰难程度，堪比全网直接检索的难度，这样的素材库，就丧失了它本该有的价值。

那该如何整理好自己的素材库呢？简单来说，就是要做好基本分类。可以按照文章类型来区分，如亲子文、观点文、情感文、职场文等；也可以按照素材类型区分，如明星素材、积淀素材、独家素材等。

具体如何分类，大家结合自身需求，怎么方便怎么分即可。毕竟我们建立素材库的核心，是积累素材、提取素材方便。只要能够实现这个目标的分类，都属于好的分类。

四、素材的组合

你有没有留意过，你喜欢看的文章，都用到了哪些类型的素材呢？通常情况，一篇优质文章的素材，一定是由多种类型组合而成。有名人的璀璨，也有普通小人物的心酸；有古人的智慧，也有当代大家的风范。这样的文章，就素材丰富度而言，也能更胜一筹。

所以，我们自己在写文章时，也要尽可能使素材多元化，最好是将自己或者身边人的故事、名人故事、热点新闻等类型素材组合起来。如此一来，文章不至于太单调，也不会成为高谈阔论、不接地气的说理。多种素材结合，也能使文章信息量增多，更有深度，给读者极强的收获感，更让读者信赖。

从投稿角度来说，素材类型越丰富，文章内容就越丰满。框架清晰，内容扎实的好文，也是比较受编辑欢迎的文章。投稿的过稿率也能更高一些。

在素材的写作加工上，我们可以从内出发扩展到外，即以小见大。如素材本身是讲述一个农村女孩通过刻苦学习，考上理想的大学，改变命运的故事。在写作时，我们就可以扩展到读书改变命运这个观点，剖析读书带给女孩的蜕变，论证读书对我们的重要性。也可以对比说理，正反素材双管齐下，形成对比论证，这样说理效果更强。

在素材的描述上，讲究语言简洁有力。不要重复啰唆，一句话能说清楚的事情，绝不用两句话凑字数，也不要有多余情节，与观点无关的内容要尽量删减。在表达上尽可能精准，避免有歧义又冗余的描述。

本章中，我们讨论了"完善内容'面'：素材是看点"之如何检索并筛选合适的素材。从"积累素材：三类素材助你文如泉涌""检索素材：四大方法助你高效查找""素材加工：做好素材筛选加工，写出优质好文"三个方面，为大家详细阐述了"常见的素材都有哪些类型""如何快速检索到海量素材、精准素材、高质量的专业素材""如何做好素材加工，将其更好地应用在文章中"。

在"积累素材"版块，本书为大家分享了三种常见素材，分别是"易得素材""积淀素材""独家素材"。在"素材检索"版块，本书为大家分享了四种检索方法，分别是"关键词检索法""符号检索法""跨平台检索法""专业检索法"。在"素材加工"版块，本书为大家分享了"素材的鉴别""素材的筛选""素材的入库""素材的组合"技法。

话说回来，素材虽然重要，但真正的高手，在素材上绝不会耽误太多时间。相对而言，决定一篇文章能否成为爆文的，更重要的是对金句、标题的打磨。金句能否戳中读者，是能否促成转发的关键。标题的质量决定读者是否愿意打开文章。只有打开率、转发率双高的文章，才有成为爆文的潜力。

所以，写作初期，我们可以遵循方法论，检索、打磨素材。但在写作后期，这些检索的方法更应该转化为日常的习惯，成为我们生活中的一部分。唯有如此，才能真正将素材熟练应用，做到我手写我心。

参考书目

[1] 舒婷. 致橡树 [J]. 诗刊：1978，4(4).

第 六 章

打造多面"体"：
文章要打磨

一篇文章，经过了筛选选题、结构打磨、素材选择、内容填充后，是不是就算完成了呢？是，但又不完全是。

唐代诗人贾岛在创作"鸟宿池边树，僧敲月下门"时，针对诗句中的动词使用"推"或"敲"哪一个更好沉思良久，甚至在犹豫思索时不小心冲撞了韩愈的马车。由于他对文字"推敲"二字的考究，后人也用词语"推敲"表示写作时逐字逐句地琢磨。

古人写诗如此，现代人写文也离不开"推敲"。茅盾先生曾说"成篇以后，要努力找出多余的字句来删掉。用四个字就够了的地方，莫用五个字"，鲁迅先生也曾提过"写完后，至少看两遍，竭力将可有可无的字、句、段删去，毫不可惜"。

想要写出让人眼前一亮的好文，"写完"只是第一步，还需要花费一定的时间，从文章的细节、开篇、结尾、金句、视角等多维度仔细打磨。最终达到情感丰富、文字凝练、内容紧凑的目的，让读者阅读时意犹未尽，不愿意错过你写的每一个字，内容如图 6-1 所示。

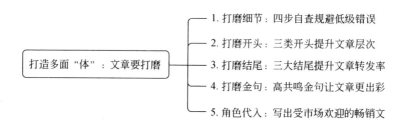

1. 打磨细节：四步自查规避低级错误
2. 打磨开头：三类开头提升文章层次
3. 打磨结尾：三大结尾提升文章转发率
4. 打磨金句：高共鸣金句让文章更出彩
5. 角色代入：写出受市场欢迎的畅销文

图6-1　打造多面"体"：文章要打磨示意图

第一节
打磨细节：四步自查规避低级错误

一、解决错字与病句的问题

文字使用准确、没有明显的语病是对文字工作者最基本的要求。但由于写文时不仔细或对于部分语病敏感度低等原因，出现遗漏也是难免的。不过，这些小问题会降低他人对你的专业度的认可，也会给编辑审核带来麻烦。有一些微信公众号平台还会根据作者语病和错字的情况酌情扣钱。如何才能减少这类问题呢？

1. 通篇朗读文章

通篇朗读文章是一个很好的习惯，它能够帮助你发现文章中的错别字、语句是否通顺、前后内容是否连贯，以及有没有明显的语病等问题。如果你在朗读过程中发现，有一句话无论怎么读都读不通顺，那它一定是存在问题的，需要斟酌修改。

另外，自媒体文很少出现句式复杂的长句，大多为简短、节奏感强的短句。在朗读的过程中，也可以根据朗读的感受判断，文章是否以短句为主、节奏是否轻快舒适等。

2. 积累常见的语病

有一些语病是我们从小到大养成的语言习惯，通过自查和朗诵很难发现，需要在日常学习时有意识地积累。比如常见的偷换主语的问题——"装修的色彩在空间上很有讲究，在客厅中我们大多以中性色为主"，这句话的前半句主语是"色彩"，后半句的主语换成了"我们"，前后主语不一致，碰

到这类语病时我们可以将其积累起来，以免以后再犯。

二、解决啰唆与偏题的问题

语言精练的前提是足够简短，在检查文章时，要推敲文章中的语言使用，即能够用短句表达的不要使用长句；能够用一句话说清楚的不要使用一段话；能够用一个词语表达的就不要用一句话。简单明了的文章节奏感更强，有利于读者阅读，还会让文章的叙述更紧凑，产生很好的张力感。

在检查语句的同时，也要再一次确认每一段描写的内容是否与文章的核心强关联？是否准确论证了本段的观点？有没有在描写时偏离中心太远？通过反复确认，保证文章的内容与最初的设定一致，必要的时候可以对照大纲进行检查。

三、解决助词与标点的问题

有一些看似很常见，但没有仔细斟酌过的字、词以及标点很容易出现错误。比如让写作新手挠头的"的地得"问题。地，后面是动词或形容词，前面是副词或形容词（词组），前面的词语是对后面词语的描述；得，前面是动词，后面使用形容词，后面的词语是对前面词语的补充说明；的，除去以上情况，其他情况可以放心使用"的"。

当然，这些词性、结构、标点等用法均涉及汉语语法知识，大家可以通过购买汉语语法工具书或网上查询等方式，将这部分内容补全，避免在写作中犯最基本的汉语语法错误。

四、解决语言与描写的问题

什么样的描写更能打动人心？比起一堆模糊不清、抽象的信息，细节感强、故事感强的文字更容易让读者建立认知，引发共鸣。可以通过多场景打造，使文章不再是苍白无力的描写，而是在读者面前展开的一幅生动形象的画面。

比如你要写努力赚钱，不要只写努力。要写凌晨三点的半桶泡面；要写穿梭地铁的奔波劳累；要写领导上司的问责刁难；要写三姑六婆的阴阳之脸；要写宝妈哄睡娃后，深夜敲击的键盘……讲场景、讲故事、多用动词和具体化名词，会让画面在读者脑海中浮现，更能够直接触动他们的心弦。

第二节
打磨开头：三类开头提升文章层次

在上学期间，大家也许听语文老师说过这样一句话："写作文一定要虎头豹尾。"简单来说，就是指文章的开头要像虎头一样斑斓夺目，结尾则要像豹子的尾巴一样漂亮有力。这个准则在新媒体文领域同样重要。

如果说标题能够影响读者是否打开这篇文章，那么开头则是离读者最近的地方，决定了读者是否愿意读下去。如果开头内容啰唆、乏味，读者很可能会失去耐心，直接关闭页面，这也会让我们精心设计的文章结构、内容、标题变得毫无意义。

可以说，文章的开头直接决定了整篇文章的层次。也正因如此，对于很多写作新手来讲，想要写好开头是非常困难的。如何写出让人想要阅读的开头？本小节就来和大家讲一讲，哪些方法可以帮助我们快速写出精彩的开头，内容如图 6-2 所示。

图6-2　吸睛开头怎么写示意图

一、内容吸睛开头法

这是爆款开头最常用的一种技巧，通过热点事件、反常识观点等激发读者的好奇心和探索欲，以足够新颖的内容吸引读者继续阅读文章以寻求答案。

1. 热点事件开篇

了解新媒体文的小伙伴都知道，许多新媒体文都依赖热点，这是因为热点是自带传播属性和流量的。也许这篇文章的开头没什么新意，但由于引用了某一热点事件，若读者对事件本身感兴趣，想要了解事情的始末，就会愿意读下去。

比如在文章《19 岁谷爱凌夺冠，创造历史！揭露了惊人的强者法则》中，作者在开篇写道："谷爱凌又获冠军，毫无悬念。在刚刚结束的北京冬奥会自由式滑雪女子大跳台决赛中，谷爱凌超常发挥，最后一跳完成空中转体 1620° 动作，以 94.5 的高分逆转夺冠，为中国队雪上项目夺得首枚金牌！"

这篇文章发表在冬奥会谷爱凌夺冠之后，直接以"谷爱凌夺冠，完成 1620° 转体"切入，先写了她获得的分数之高，随后衔接网友的评价，再提出"年仅 19 岁"她就在学业和运动上获得双丰收，吸引读者的阅读兴趣，内容精练不啰唆。随后，以"有人形容，谷爱凌的人生就像是开了外挂一样顺风顺水，而我在她身上得到了 5 点启发"引出文章的核心内容——5 条强者必备的法则。

在以热点事件作为开头时，需要注意两点：第一，要有选择性地筛选热点素材，有一些热点事件发酵时间久、脉络复杂，选择时要根据观点提炼，切忌平铺直叙、照抄照搬；第二，叙事节奏不拖沓，即使是描述事件始末，也要将字数控制在 500 字以内，快速引出观点。

2. 反常识观点开篇

通过"违背"大多数人认同的观点作为开篇，用这种设置悬念的方式，在读者的心中埋下"为什么"的种子，激发读者的阅读欲望。

比如在文章《能成大事的人，都懂得麻烦别人》中写道"那些特别喜欢麻烦别人的人，往往过得更好，也很招人喜欢"。在我们固有认知中，"麻烦别人"是一种并不讨喜的做法，为什么作者会觉得这类人往往更招人喜欢呢？由此，读者会继续阅读后文寻找答案。

这类开头的写法，需要作者对自身观点认知足够深刻，即使提出反常识的观点，依然能够自圆其说、逻辑清晰，否则只会起到反作用。

二、问题导向开头法

在信息爆炸的当下，每天都会有大量信息诞生。读者的时间和注意力是有限的，他们会有选择性地阅读"重要且有价值"的信息。这一类开头的写法，是通过在开篇以问题为导向，展示文章的重要性和价值，让读者觉得值得继续阅读。

1. 以大数据开篇

数据是非常具有权威性和说服力的，对读者的冲击力也是最大的。开头以数据引出话题，通过"某某最新数据"分析相关的问题或现状，再提出文章核心观点，更能够激发读者强烈的阅读兴趣。

比如在文章《最新离婚大数据曝光，揭露了婚姻最残忍的一面！》中，作者在开篇写道：

从实施"离婚冷静期"到现在，已经有一年多的时间了。前几天，民政局的一组数据曝光，2021年，有213.9万对夫妻离婚，较2020年373.3万对下降了四成，离婚夫妻足足少了159.4万对。难道是离婚冷静期效果显著，婚姻满意度提升了，离婚率变低了？没想到另一则新闻同时重上热搜"2021年我国婚姻登记的数据为763.6万对，仅为2013年最高峰的56.6%。

文章中同时用了离婚数据和结婚数据作为对比，提出了如今人们"结婚

变得更谨慎"的现实问题，并在接下来的文章中详细地分析了数据背后的原因并给出如何经营亲密关系的方法。

在使用数据提出问题做开头时，一定要去权威的网站查找信息。比如若需要婚姻相关的数据可以去国家民政局网站查找，如果仅仅使用街边采访的数据很容易缺少说服力。

2. 开门见山引开篇

这是以问题为导向的开头中很常见的一种写法，开篇以简练的语言直接告诉读者文章的核心内容，在提炼总结时尽可能将文章精华部分展现出来，给读者足够多的价值感。

比如在文章《如何科学安排假期，做真正会休息的高手？6000字干货给你讲透》中，以"如何科学安排假期"作为核心导向，作者在开篇就直接点出：

80% 的人不知道如何科学休息，这会导致越休息越累，不仅是长假这样，周末都是如此。关于假期、科学休息，我想跟你分享以下 7 条建议。读完这篇，从此学会休息。

作者提出读者"共识性"的问题，以开门见山的方式引出"7 条学会科学休息的建议"，让读者感觉到足够大的信息量，继而想要深入了解文章后续内容。

三、情绪共鸣开头法

我们可以尝试着将自己想象成读者：如果你在阅读一篇文章时，看到通篇都是大道理，但与自己毫无关系，你还愿意继续读下去吗？相信大家心中已有了答案。

我们要学会使用用户思维思考，在开头直接向读者表明，这篇内容是与"你"有关系的、对"你"有益处的，甚至是直接涉及"你"的利益的。通过引发读者情绪共鸣的方式，让读者感受到这篇文章"为我而写，对我有用"。

这类开头的写法在情感文或亲子文中使用较多，通常以作者身边发生的事情或社交网站上的热议话题引入，比如朋友圈话题、与朋友的聊天内容、知乎或微博的高赞话题、身边发生的事情等。

比如在亲子文《妈妈，我可以吃冰激凌》中，作者就以身边发生的一件小事作为开篇：

周末下午，去幼儿园接儿子放学。天气很热，儿子看到别的小朋友吃冰激凌，也吵着要吃。"不会吃坏肚子吧？"我本能地拒绝。"求求你了！"我看着他可怜巴巴的眼神，又不忍心拒绝……

文章开头以"我"与儿子之间发生的事情引入，生动形象的描写很能触动宝妈们的心弦，给读者继续阅读下去的理由。

选题和标题决定了读者是否点开文章，开篇内容决定了读者是否继续读下去。想要写出让读者愿意继续阅读的开头，需要激发读者的好奇心、展示文章的重要性和价值感、突出文章与读者的强关联性。以上就是新媒体文中常用的三种开头写法。

第三节

打磨结尾：三大结尾提升文章转发率

写一篇文章时，从心理上我们希望得到读者的喜欢、支持和认可，从数据上我们需要读者直观的正反馈，比如点赞、收藏、评论、分享、打赏。除去选题及内容本身的价值，结尾直接决定了文章的转发率高低。

为什么这样说呢？根据心理学的"峰终定律"来看，人对某一段体验的

记忆感受是由高峰时与结束时的感受组成的。也就是说，读者对一篇文章的感受，取决于文章内容中带来的峰值体验，以及文章结尾时带给读者的结束点体验。

当你费尽心思地挑选题、写内容，读者带着兴趣读下来，读到结尾却发现文章草草地结束，像是没有写完。"断崖式"的结尾体验，会让作者前面的努力功亏一篑，失去文章被转发的机会。

所以我们需要在文章结尾上下功夫。一般文章的结尾都要升华总结，对道理进行深度分析，引发读者共鸣，强化价值、制造问题、引发讨论，也可以给出最后的方法论和建议，内容如图 6-3 所示。

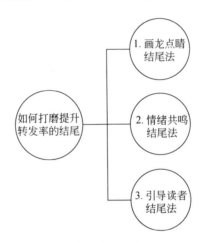

图6-3　如何打磨提升转发率的结尾示意图

一、画龙点睛结尾法

文章能否被转发，一定程度上取决于文章是否为读者带来了价值。在结尾处强化文章价值，可以增强读者阅读的获得感和启发感，从而起到画龙点睛的作用，促使读者点赞和转发。

1. 强化核心主题

比如文章《比搞好关系更重要的是，搞好人际"弱"关系》的结尾，先以问题"现在大家都说得信息者得天下，这句话其实是没有错的。但为什么手上握着大把信息的人还总是被当成个皮球踢来踢去"再一次重申文章的核心"获取的信息和自身实力的不匹配"。紧接着，再度升华文章主题内容，强调"人脉是个伪命题，常人所说的好运气，其实都藏在运用弱关系的能力里"。

结尾再三强调"搞好人际弱关系的重要性"，这就是强化文章的核心主题，让读者高度认同你的价值观，进而想要转发给需要的人看。

但是需要注意的是，强化价值观不是反复地说车轱辘话，而是进行有效分析，以层层递进的方式，一步步引导读者认同你的价值观。

2．金句升华主题

你一定有过这样的感受，阅读一篇2000字左右的文章，通常无法记住通篇内容，但总有1～2句话几乎能够复述出来，这就是常说的金句。金句文字简练、表达观点掷地有声，是文章中最容易被读者记住的内容之一，常常也最触动心弦，这也是作者需要反复打磨文章金句的原因。

将金句放在文章结尾，一方面更容易引发读者共鸣，促进读者转发；另一方面金句具有语言精练、内容深刻的优点，也能达到我们最初提到的文章需要"豹尾"的要求。比如一篇文章的结尾这样写：

网络救助只能是山穷水尽后的最后一个办法，而不是仍有余力时的选择。被扒出的反转事件无一不是在消费大众的善意，当好心人全部缄默心寒时，那些真正需要帮助的人还有机会吗？雪崩的时候，没有一片雪花是无辜的。纵然是一片微不足道的雪花，也别忘了坚守内心的温暖与纯良。

文章结尾简述了全文的核心内容"不要让好心人心寒"，随后以名言"雪崩的时候，没有一片雪花是无辜的"提出观点"纵然是一片微不足道的雪花，也别忘了坚守内心的温暖与纯良"。以一片微不足道的雪花，比喻每一个可以保持善意的人，再化用"一生温暖纯良，不设爱与自由"，对读者抱以期待和希望。结尾读下来，温暖有力量，很容易被读者记住和转发。

二、情绪共鸣结尾法

文章能否被转发，一定程度上取决于文章是否让读者有"为我而写，为我发声"的感受。通过对整篇文章的阅读，作者的观点已经深深植入读者的心里，如果在结尾处能让读者感受到，文章在设身处地地为他们考虑，是读者曾经或正在经历的、早就想说却没说出口的，通过触碰情感上的共鸣，达到二次传播的目的。比如有一篇关于不良网站的文章，作者在结尾这样写：

想要真正杜绝这类问题的发生，仅仅靠平台加大审核力度是不够的。我们更多地要想办法不让这些别有用心的人，钻了空子，继续作恶，不让这些有问题的视频产生，流传到网上，对网友造成影响。只有防范住了源头，问题才能被彻底地解决。不然下一个受害者就有可能是你，是我……

结尾再一次强调了不良网站的负面影响，强调仅仅靠平台的审核是远远不够的，需要每一个人从源头上杜绝。而结尾最后一句"不然下一个受害者就有可能是你，是我……"调动了读者情绪，让人感受到文章所写的是与每一个人息息相关的事情，需要去重视，也需要让更多人看到，从而转发。虽然没有用金句做结尾，但一句令人深思的话就将文章与读者紧紧绑定，把读者的情绪推到高潮，达到了引起共鸣的目的。

三、引导读者结尾法

引导式的结尾，也就是作者通过建议、反问等手法，让读者自发地想要行动起来，或是接收到可实操的建议，或是站队讨论等，结尾提供了足够多的话题，促进了文章的传播。

1. 给出可行性的建议

这一类结尾多用于亲子文、偏干货类的文章以及一些需要提出建议的文章，文章的结尾多以1、2、3点的方式进行全文的概括和总结，让读者再一次回顾全文，认可文章的价值，从而让读者转发给需要的朋友。

比如文章《如何加倍提升你的赚钱能力？这是我见过最认真的答案》在结尾处这样写：

"核心就是三句话：（1）先把一个能力打造成自己的长板；（2）让自己兴趣广泛；（3）确定一个目标，并把多维能力组合起来。最后，人生目标很重要……"

这篇文章结尾以三点核心作为概括，提炼出文章核心建议的内容，再一次强化文章整体的价值感，得到读者的认同。需要注意的是，不要什么类型的文章都尝试用建议的方式作为结尾，大多数的观点文都是不需要提建议的，强行提建议很容易给人"用力过猛""说教味太浓"的既视感，反而容易画蛇添足。

2. 制造可站队的话题

这一类结尾方式，通常是针对可能存在的观点做出的总结。结尾内容越有争议性，就越能够激发读者站队讨论。阅读这样的文章后读者会自然而然地分成两派，也会在留言区互相讨论，发表自身观点。而读者想要让更多朋友认可他的观点，必然需要转发给朋友或转载到朋友圈，这样文章就得到了被二次传播的机会。

需要注意的是，由于这种结尾是针对文章主题本身就存在争议性的情况，所以对作者的写作功底也是很大的挑战。需要作者在写作的时候好好下功夫，立场鲜明、一针见血、情绪饱满地阐述观点。

以上就是常见的三种结尾思路，通过画龙点睛、情绪共鸣和引导读者的方法，写出一个足够吸引人的结尾。在使用的时候也需要注意活学活用，可以根据文章的实际情况，以两种或三种方法作为结合，不要生搬硬套，局限在套路里。

第四节

打磨金句：高共鸣金句让文章
更出彩

在一篇文章中，总有些句子读起来朗朗上口，很容易被读者记住。而这些句子传达出来的感受，往往也是动人心弦、给人力量的，这就是我们常说的金句。在新媒体文中想要找到金句很简单，作者通常会以加粗、标黄、变色等方式标志出来，方便读者在快速阅读的过程中一眼看到重点突出的金句，从而在脑海中留下深刻的印象。金句对于一篇文章有什么作用呢？内容如图6-4所示。

```
                    ┌── 1. 传递作者思想
金句的作用 ──┼── 2. 辅助文章传播
                    └── 3. 给读者留下印象
```

图6-4　金句的作用示意图

1. 传递作者思想

金句一般是能够表达作者观点的名人名言，或是经过作者提炼加工的精练语句。与大篇幅的观点论证不同，它们通常更简短、有力，概括性强。想要快速了解作者的核心观点和文章框架，大多只需要浏览文章小标题以及重点标注的金句就够了。

2. 辅助文章传播

你有没有发现这样的现象？很多人在朋友圈转发文章时，会附上1～2句话说明，有些时候这些话就是文章的金句。因为金句更容易引起共鸣，读者在转载时也会下意识将感触最深的内容转发。同样，他的朋友圈好友也可能因为这几句话点开文章，金句就这样帮助了文章进行二次传播。

3. 给读者留下印象

除去数据层面的功利心，每一位作者写作的初衷大多会期待"用笔去影响读者，传达内心观点"，金句就能起到这样的作用。甚至过了一段时间，还会有其他人在写作时用到你的金句。文字传递带来的荣誉感，远比取得数据本身更动人。接下来，我就跟大家聊一聊，如何找到、模仿和创造文章的金句。

一、如何找到金句

非原创的金句来源丰富，包括名人名言、书籍、影视、综艺、社交平台里的言论以及新媒体文等。在日常生活中建立金句素材库，做好不同类型金句的分类，可以方便后续写作时取用。

那么，如何找到好的金句呢？

1. 浏览器检索

写文章用到某一观点的金句时，可以使用精准检索的方法在浏览器里查找。比如用"关键词（观点）+ 名人 / 名言"的方式检索，找到相关的内容后再进行精准检索，就能获得大量相关内容的金句。

2. 微信公众号文章积累

在上文中我们讲到过，绝大部分新媒体文都会将金句标出来。可以关注一些与自身常写领域相关的微信公众号，在日常阅读时摘录文章标注出的名人名言、综艺金句等。

需要注意的是，摘录了作者原创的金句内容后，如果在后续写作中要用到，一定要注明"有人曾说"或"某某作者曾说"，尊重其他人的劳动成果是作为文字工作者的写作底线。

3. 书报影音积累

日常读书、看综艺、看剧、看纪录片时，养成边看边记录的习惯，可以使

用在线文档或者手机自带的备忘录进行记录，然后再统一整理。除此之外，也可以通过检索找合集，比如金句频出的综艺《奇葩说》，在浏览器或微信公众号搜索"奇葩说金句合集"关键词，就能找到相关的整合文章。

二、如何模仿金句

直接引用书籍、名言或网络上的金句是最简单直接的金句使用法。但有些时候，我们积累的金句并不能准确地表达出我们的核心观点，或者缺少一些"接地气"的感受，这就要求作者有创作金句的能力。对于写作新手来讲，想要尽快创作出金句，可以使用"拆解 + 仿写"的方式。具体你可以这样做：

1. 结构套用式仿写

简单来说，就是将其他作者或名人的金句进行结构拆分，拆分内容包括分析其使用了什么样的结构、使用了哪些关键词或表达观点的词。

比如有个文案"人山人海是生存，翻山越海才是生活"。首先拆分句子结构，这句话使用了"×× 是 ××，×× 才是 ××"的句式；接下来分析关键词，第一句和第二句的关键词分别是"生存"和"生活"，二者存在关联性，又有明显的差异，也经常被人拿来对比。

在金句仿写的时候，需要适应原句的结构，同时根据原句关键词的使用方式进行内容模仿，将自身文章中的关键词套用进去。以上文金句为例，如果换成写胆识的文章，可以将原句改为"犹犹豫豫是胆怯，毫不犹豫才是胆识"。

再比如对《请回答1988》中的一句经典台词"懂事的孩子，只是不撒娇罢了，只是适应了环境做懂事的孩子"进行改编，可以写成"叛逆的孩子，只是不懂得表达罢了，只是习惯了用撒泼为自己抗争"。

2. 部分修改式仿写

顾名思义，就是对原金句的部分内容进行仿写，使句子看起来简短有力又能符合自身文章需求。

一般来说，会选择名人名言进行改编，对于语句的格式也没有明确的要求，只要符合语境且表明观点即可。比如"一生温暖纯良，不设爱与自由"，可以改编成"纵然是一片微不足道的雪花，也别忘了坚守内心的温暖与纯良"。

以上就是常用的模仿金句的方法。作为写作新手，在日常练习时经常仿写金句，不仅可以增加文章素材的积累，还能够增强语感，进而写出更多让人眼前一亮的语句。

三、如何创造金句

除了直接引用和仿写修改金句，我们也可以对自己文章中的句子进行打磨，使其成为独一无二的金句。很少有人能瞬间写出金句，大多数金句都是在原本句子的基础上，通过一些技巧修改，打磨成结构清晰、内容深远、朗朗上口的金句的。

1. 句式格式打磨

写金句时一般会采用押韵、类比、对仗、排比等结构，让句子读起来更顺口，增加文字的力量感。

比如 ABBA 句式"岁月不饶人，我亦未曾饶过岁月"。这句话中前后两句都用到了"岁月"和"人"，只是调换了词语的位置，替换了主谓语之间的关系，构成回环结构，同时"我亦未曾饶过岁月"的观点很有力量，也让这句话成为了众所周知的金句。

再比如 ABAC 句式"要么出众，要么出局"。使用了"要么××，要么××"句式，前后的关键词"出众"与"出局"形成对比，同时又都包含"出"这个字，读起来更上口，令人印象深刻。

2. 关联词打磨

结构选好了，如何找到合适的填充词呢？可以尝试着用关联词或含相同字的词语检索，再将查到的词语运用到句式中形成金句。

比如想要写关于"耐心"的主题，可以尝试着检索与"心"有关的词语，使用关联词检索的方式罗列，再利用检索到的词语进行组合，写出句子"越是有野心的人，越是要有耐心"。

3. 常见金句模板

按照上文讲的语句格式和关联词的选择，搭配常见的金句模板，很容易输出你的专属金句内容。接下来，给大家分享一些比较常见的金句模板以及具体使用方法。

ABBA 模板：将一句话拆分成两句来写，两句的句式相同，关键词重复用于强调。需要注意的是，表达观点的重点内容需要落在后半句。例如，"不要把童话当成现实，但可以在现实中创造童话""努力不一定取得成功，但成功一定需要努力加持""你不负光阴，光阴才不会负你"。

ABAC 模板：金句的前后两句重复一个关键词，这个关键词通常是搭配前面的词发生变化的。一般表示并列、递进或是否定的关系适用于这个句式。例如，"不在乎天长地久，只在乎曾经拥有""父母不是慢慢变老的，他们往往是一瞬间变老的""你是什么人，取决于你遇见什么人"。

不是……而是……（不是……就是……）：这个句式的核心在于重新定义关键词，刷新读者的认知。例如，"不是善良的人决定去做好事，而是普通人在经历一些事后变得善良""母亲不是天生强大，而是后天被迫要强"。

排比：作为最常见的修辞手法之一，排比句式由三个及以上句式结构相同的句子组成，能够增强文章的气势。比如电影《后来的我们》宣传海报上的文案，"后来的我们，为了谁四处迁徙，为了谁回到故乡？后来的我们，有多少次衣锦还乡，有多少次放弃梦想？"。

任何一位可以金句频出的作者，都需要日复一日打磨文字。无论你是刚刚开始动笔的写作新手，还是已经有一定写作经验的作者，留出时间积累、仿写和打磨金句，可让你的文章更上一个层次。

第五节
角色代入：写出受市场欢迎的畅销文

作为一位自媒体人，我们写出来的作品不是私人的随笔、日记，而是会被放到公众平台上接受大众评判的文章。你写出来的文章也许不会被所有人喜欢，但至少需要被某一类目标群体喜欢，这也需要我们在打磨文章时站在多个角度思考，即角色身份带入。

举一个简单的例子，如果你想写一篇文章给朋友看，你也许会从这些角度考虑：他喜欢什么类型的内容？我写这篇文章可以为他传递哪些观点？怎么样表达他才更容易接受？……

作为一位自媒体人，我们在写作时常要面对的读者群体有三类：编辑，文章的第一手阅读人，直接决定了文章是否能与读者见面；读者，文章质量好坏的评判者，决定文章发表后的数据；"杠精"，游走在网络的杠杠，什么观点都要杠一下，也容易在评论区带节奏。

面对不同的群体，该如何去带入身份，让文章更好地与之匹配，从而达到我们想要的目的呢？接下来，我分别从这三类人群的角度切入，为大家进行详细的介绍。

一、代入编辑角色

如上文所说，编辑决定了一篇文章是否能够与读者见面。带入编辑的角色审核文章，可以帮我们提前预判文章的过稿率，杜绝低级、降低专业度的问题。

编辑喜欢什么样的文章？作为拥有 25 万粉丝的博主、100 万粉丝职场

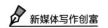
大号的前主编，在我过去的收稿生涯中，大多会从以下四个方面考量文章。

1. 文章是否符合征稿函要求、是否与平台调性一致

大部分对外征稿的微信公众号，都会有一封比较详尽的征稿函，包括选题角度、账号调性、文章篇幅，以及一些基本注意事项。如果作者提交上来的文章，连最基本的征稿函要求都没有满足，那说明他没有认真对待这一次投稿，编辑也没有必要花费时间去审核作者的稿件。

2. 文章脉络和选题立意是否有看点

这一部分内容比较考验作者的写作功底，也需要在日常写作中多练习，本书第三章内容为大家明确讲解了选题的方法。

3. 文章结构是否清晰、观点是否明确

编辑一般会通过小标题和标注的重点句快速确定作者的行文逻辑。确定文章的整体逻辑没有问题，才会进行下一步的审核。作者在投稿时，需要仔细琢磨每一段内容的小标题，确保其能够准确传达段落观点，这样在方便编辑审稿的同时，也可以提高自身的过稿率。

4. 细节问题及语言问题

选题、文章结构及文章脉络都通过审核后，会进入文章的细审，包括文章的开篇、结尾是否足够精彩，是否有让人印象深刻的金句，是否存在一些细节上的问题。在这里要跟大家特别强调的是一定要注意检查低级错误。一个错别字也许不是大问题，但很容易给编辑留下不严谨的第一印象。

二、代入读者角色

读者是文章质量的评判者，决定文章发表后的数据。如果说编辑是理性地审核文章，那读者则是完全感性地阅读文章。从读者角度思考，他们不会在乎你的文章用了什么句式、使用了哪些写作技巧、运用了什么样的素材……而是只在乎这篇文章向他们传递了什么样的价值观，给他们带来了哪些感受。

不仅如此，你还需要了解读者的阅读场景。与传统的纸媒不同，新媒体文大多由手机屏幕承载，读者阅读的场景可能是在地铁、公交上，或是上班"摸鱼"的间隙。碎片化的阅读习惯决定了读者的注意力更容易被分散，耐心也变得更为稀缺。

如果你想让读者从头到尾将文章看完，并且能够有收获感和分享欲望，需要遵循以下两个原则。

1. 表述克制，杜绝冗长沉闷

永远不要试图挑战读者的耐心。在讲文章开篇的写法时就跟大家提到过，2000 字左右的新媒体文，开篇引入最多不可以超过 500 字。如果读者看到了 500 字（约手机两个屏幕的篇幅）还没有看到你要表达的观点，那么读者大概率会直接点击关闭。

碎片化阅读以快速获取信息为目的，作者在表达上需要措辞精练，用精辟、贴切、直击人心的语句描述；同时，在结构上也要更加紧凑，讲述一件事、一个观点时不要拖沓，尽可能用简短的篇幅传递信息。

2. 为文章制造爆点，激发读者阅读欲望

一篇好的文章是跌宕起伏的，在文章中时不时有爆点刺激情绪，让读者的心跟着文章的层层深入，毫不费力地读下去。这一点，对于篇幅较长（3000 ～ 6000 字）的新媒体文尤为重要。

在实际写作过程中，可以通过两种方式增加文章的爆点：第一，增加故事刺激性，一般会在故事情节发生转折的地方埋爆点；第二，增加文章的金句，金句是经过提炼的精辟的话，能够给读者带来强烈的冲击感，即使读者忘记了文章的大部分内容，也会在脑海中记下曾经触动过他的某几句话。

三、代入杠精角色

为什么要代入杠精的角色？我身边有一些写作新手，在刚刚发表文章时就不幸遇见杠精，不论提出什么观点都会被花式抬杠，这会严重打击作者

自信心，作者还会陷入自我怀疑和内耗。

杠精，在互联网上也是"键盘侠"的另类称呼。面对互联网上的各种观点，一窝蜂地跟风、抬杠，什么都要说两句。"杠精人群中，一半人坏，一半人蠢"，坏是因为本身懂得道理，却因为私心去否定和恶意揣测别人；蠢则是因为没有主见，总是见风使舵地随大流。

这里想跟大家分享的"代入杠精角色"，主要是希望每一位用心的作者，都不会因为这类人群陷入自我怀疑。你只管按照既定的频率打磨文章，以自身的思路输出内容，没必要去跟他们讲道理，或者试图通过修改文章让他们理解。毕竟，每一篇文章都有我们预设好的读者群体，而对于杠精，无论你怎么迎合，他都会抬杠，不是吗？

本章，我们讨论了"打造多面'体'：文章要打磨"之如何打造高质量的爆款文章。从"打磨细节：四步自查规避低级错误""打磨开头：三类开头提升文章层次""打磨结尾：三大结尾提升文章转发率""打磨金句：高共鸣金句让文章更出彩""角色代入：写出受市场欢迎的畅销文"五个方面，分别讲解了如何对文章的细节、开篇、结尾、金句以及视角进行打磨。

在"打磨细节"版块，为大家分享了常见的"低级错误"如何规避，分别是"错字与病句""啰唆与偏题""助词与标点""语言与描写"问题的解决。在"打磨开头"版块，为大家分享了三类常见的开头写法，分别是"内容吸睛""问题导向"和"情绪共鸣"。同样，在"打磨结尾"版块，也为大家分享了三类常见的结尾写法，分别是"画龙点睛""情绪共鸣"和"引导读者"。在"打磨金句"版块，为大家分享了"如何找到""如何模仿"以及"如何创造"金句。最后，在"角色代入"版块，分析了最常见的三类角色代入，分别是"代入编辑""代入读者""代入杠精"的思路。

没有一气呵成的爆文，10w+阅读量的背后必然经历了数次打磨。如果说好的逻辑和素材为文章搭建了骨架、填充了血肉，那一次次细致的打磨则是为文章傅粉施朱。在文章细节之处推敲琢磨，是每一个新媒体作者都要耐住性子去做的事。希望大家在读完本章后，能够更轻松地为文章打磨出"点睛之笔"，助力下一篇阅读量10w+爆文。

第 七 章

塑造吸睛"势"：
标题要诱人

一定有朋友认为，写完一篇文章的正文部分就万事大吉，可以安心了。毕竟核心内容都完成了，剩下的就是取标题、交稿，分分钟就能完成的事情。大错特错！如果你想要上稿，写完正文部分只是万里长征的第一步，最核心的内容，反而在看似只有一句话，甚至毫不起眼的标题上。换句话说，想要文章数据好，绝对离不开一个好标题。

如果说，你的新媒体文是一座精致的房子，那么标题就是那个大门。如果这个大门不被打开，那么你的内部结构，你所有精致的装潢、用心的设计，统统都不可能被看到。可惜，很多写作新手都意识不到这个问题。他们往往在正文上花费大量时间，取标题却很随意，几乎毫不走心。

但实际上，99%的微信公众号都很重视标题。大部分征稿要求中，都会明确写出至少需要有 3 到 5 个标题。我曾为某千万级粉丝的大号供稿，他们的标题取 50 个都是常态，基本都是 30 个起步。为什么要取这么多呢？当然是因为标题真的相当重要。它决定着一篇文章的生死，决定着一篇文章的打开率、阅读量等大部分核心数据。如果一篇文章的各级标题都不够诱人，让人没有想点进去阅读的欲望，那这篇文章必然是失败的，内容如图 7-1 所示。

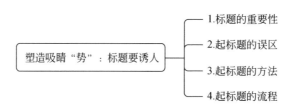

图7-1 塑造吸睛"势"：标题要诱人示意图

第一节
标题的重要性

标题到底有多重要呢？大家不妨仔细回忆一下，在我们写完一篇文章润色完毕后，真正花费在标题上的时间能有多少？十分钟？五分钟？还是只有几秒钟？这种匆忙定下来的标题，显然严重配不上我们为写正文付出的努力。

作者们靠自己的灵感与积累，辛辛苦苦想到一个精彩的选题；为了挖掘选题的深度，整宿熬到睡不着觉；翻遍了自己的素材库、查遍了资料，让文章更加有血有肉；一次又一次调整文章结构、磨金句、让文章更为出彩……几乎所有的步骤全都用心做了。临到最后临门一脚就能大功告成了，却随随便便应付个标题，就直接去投稿。

这样的稿子八成只能躺在编辑邮箱里"吃灰"。因为我曾经当过一年多的百万粉丝大号编辑，也和许多同行交流过。我曾见过太多的好文章被一个不显眼的标题所埋没。其实，当编辑的邮箱里堆满邮件的时候，他们的目标只是从中快速挑选出能够达到平台要求的优秀稿件，而不是一封封地阅读每个投稿作者的大作。

这就决定了大部分编辑们审稿最有效的做法。首先筛掉基本投稿格式都不正确的邮件；其次筛掉标题毫无吸引力的文章。可能有朋友看到这里，内心一阵拔凉，自己辛辛苦苦写的稿件，投出去原来就是这种待遇吗？要知道，一名大号编辑，每天需要审阅的稿件少则几十篇、多则上百篇，还有对接、排版、审校、预览、商务、数据等多项工作要同步进行。所以，他们根本没时间去看基本投稿格式都不正确的文章。

作为一名作者，如果在编辑角度的第一关——文章标题上都不肯下功夫，那必然会给编辑留下"不够专业"的第一印象。换句话说，如果你的标题取得不够到位，那不管你的文章内容写得有多好，编辑们很可能连看都不看一眼，就直接将其打入"冷宫"。

毫不夸张地说，如果写文章也需要遵循时间分配"二八定律"，那我们把 80% 的时间都花在取标题上也不为过。需要注意的是，这可不是要告诉大家，正文不重要。而是说，某种意义上，比起正文部分，取一个好标题甚至比写好正文内容更值得用心钻研。

一、标题的定位

为什么一个小小的标题，能够有如此重要的地位呢？究其原因，是因为其独一无二的位置。就一篇文章而言，标题是"画龙点睛"的"睛"，它既可以是文章"有趣的灵魂"，也可以是文章"好看的皮囊"。

"有趣的灵魂"指的是好的标题，能够最大限度传递文章正文的核心观点，即高度概括文章的内容，能够让读者或编辑一眼就获取这篇文章的核心。如我的微信公众号"不畏青年"上的一篇文章，标题是《最适合宝妈的时间管理办法》，顾名思义，这篇文章就是专门写给宝妈群体，教她们如何做好时间管理的。它能让读者一眼望去，就能知道这篇内容是我需要的，我要点进去阅读。

"好看的皮囊"指的是好的标题，能够调动读者点击阅读的欲望，即足够诱人。这就需要文章的标题能够调动读者情绪、戳中读者痛点、爽点、痒点等。具体方法，我们会在本章第三节讲到。还是以微信公众号"不畏青年"的文章为例，如《救命！我最近真的很焦虑！》这个标题，一眼望去，就是以第一人称的视角，描述自己近期的状态——焦虑。借文章标题，表达读者的心态，成功带动读者的倾诉情绪，如"我最近也很焦虑，快让我看看该怎么办"或"这说的不就是我吗？必须要点进去详细看看"。这就是这类标题的魅力，它能调动读者情绪，以"好看的皮囊"诱惑读者点击。

由此可见，对文章而言，标题就是决定它能否被编辑看见、能被多少读者看见的核心。再优质的金子，也需要发光才能被发现、被挖掘；再优质的文章，也需要好标题来吸引读者欣赏。标题对于文章来说，就是金子需要散发的光芒，只有发的光够亮，才能被更多人看到，发挥它该有的价值与力量。

二、标题的占比

新媒体文圈的大咖们对标题有多重视？杨坤龙老师曾经提出过一个

50/50法则，意思是写作每篇文章花在标题上的时间至少应该占据一半。《人民日报》、新华社微信公众号的常驻作者田青青老师曾经说：她每次写完文章，都会在纸上列出30多个标题，最后挑5～10个她认为最好的给编辑。曾经的新媒体女王咪蒙更是夸张，会让公司员工起上百个标题，筛选后，还会放到粉丝群投票，最后才进行发布。

为什么成功的新媒体作者都如此重视标题？因为现在人类的阅读习惯跟以前不一样了。当我们处于传统纸媒时代，一篇文章的标题，仅仅起到概括中心、提纲挈领的作用；而现在是新媒体时代，节奏很快，每天咱们能在微信公众号、今日头条、知乎上看到的文章太多了，短视频的冲击也太大了。我们不可能每一篇文章都点开看，所以一定会选择那些更吸引眼球的、更戳痛点的、更具有吸引力的文章。

而吸引力靠什么体现？就是靠标题。以我5年的新媒体工作经验来看，打磨标题是一件性价比极高的工作，一个好标题，有很大机会拯救一篇文章。所以，花在标题上的总时间，至少要占写文章总时间的30%才算到位。

三、标题的原则

在新媒体文的起标题环节，我们要明确一个基本原则：标题的核心目的是吸引读者的注意，保障文章的点击率。而不是为了概括文章大意，更不是为了总结文章的全文意思。换句话说，标题只是一个钩子、一个引子、一把钥匙，是为了勾住读者的好奇心，引发读者阅读兴趣，也是为了让读者产生期待感，为了让读者拿着这把"钥匙"去打开文章正文，寻找他们想要看到的"答案"。如果我们只是把展示文章全貌当作起标题的目的，那写出来的标题就一定不是一个好的新媒体文标题，所以在这一点上一定要注意。

第二节
起标题的误区

了解了标题的重要性后，接下来，就要正式进入取标题环节。在取标题前，我们也得注意四个误区，避免踩雷，内容如图 7-2 所示。

图7-2　起标题的误区示意图

一、增设门槛

起标题的第一个误区是"卖弄"。刻意抬高自己文章的阅读门槛，人为增设自己文章阅读的难度，这些看似"表达专业"的行为，实际却是在"推远读者"，你的专业，不应该靠"故意说专业的词"来体现。毕竟大部分读者看新媒体文的目的都是休闲娱乐，而不是为了专门学习。如果是为了学习，更多人会选择看书、看论文。

更何况每一名读者阅读新媒体文的时候，都不是为了找罪受，如果你用了太多的专业名词，整篇文章都显得晦涩难懂，就会导致读者产生畏难情绪，本能地降低阅读欲望。读者更愿意寻找那些容易理解的、方便阅读的内容进行阅读。如错误案例《女性堕落论的本质，是斯德哥尔摩综合征在作怪》，很多读者看到"斯德哥尔摩综合征"的第一反应绝对不是这篇文章很专业，而是不知道标题在说什么，直接略过。

所以，大家在取标题时，一定要注意"降低阅读门槛"，用通俗易懂的语言描述自己想表达的观点。而不是选用难懂的语言凸显自以为是的专业。

二、居高临下

起标题的第二个误区是"说教"。如果下意识把自己当作很牛的人，那就势必会带有"说教情绪"。而说教，恰恰是读者最反感的部分。没有人喜欢自己被居高临下地传输所谓的经验和观点，大家在阅读新媒体文的时候，更期待有一个朋友一般的人与自己沟通、交流。读者是抱着一种被满足的心态来的，而不是抱着一种受教育的心态来的，这跟知识付费有本质不同。

知识付费的核心，是读者带着明确的目的前来学习。而读者阅读新媒体文，更多是为了放松、休闲，或是看经验分享类内容。如果作者带着明显的"说教"意味，就是大家常说的"爹味"，那么不仅不会让文章显得更专业，还会导致读者产生逆反心理，读者会想"你凭什么来教育我"？

如错误案例1《关于黄晓明语录的分析》就是典型的说教口吻，如果改成《黄晓明语录的分享》就是平等的交流沟通。错误案例2《你连小事都做不好，也配谈成功？》就犯了"居高临下"的大忌，文开口就是自觉高人一等的即视感，但读者可能并不吃这套，甚至还会反感。

三、夸张失真

起标题的第三个误区是"失真"。许多作者为了起标题，无所不用其极，这样的一种状态，其实就是矫枉过正。那么，有吸引力的标题和标题党的界限在哪里？

我们起标题的最终目的，是给读者一个期待。所以，如果你能在文章中满足读者的期待，那它就是一个好标题；如果满足不了，那就是大家所厌恶的"标题党"。

举个例子，有这样一个标题——《光天化日之下，一家九口惨遭灭门》，吸引了许多读者的眼球，大家抱有的期待是看到一个惊天惨案，但文章的

真实内容却是"一窝老鼠被打死了"这样的虚假新闻，这样的标题自然会遭到流量的反噬。

四、结构失衡

起标题的第四个误区是"失衡"。一个好的标题应该有呼吸感。比如在结构上，如果能够用一些如竖线、冒号、问号、叹号、中括号等符号进行切割，那读者就会瞬间理解标题的信息分配；如果我们多用短句、短语、词组而非长句、复句，那读者的思考难度就会大大降低。如果一个标题需要读者反复思考，那就势必会造成打开率的损失。真正的好标题，是可以让读者下意识秒懂的。

以上就是在大家取标题时容易陷入的四个误区。无论是新手刚开始写作，还是已经有一定写作经验的朋友，在一篇文章出炉前的取标题环节，都可以参考这四个误区，先自查一遍。

第三节
起标题的方法

当了解完标题的重要性以及起标题的误区后，就到了正式起标题环节。既然标题这么重要，有没有具体的方法论可供借鉴呢？答案是肯定的。只要搞清楚标题的主要作用，我们就可以按目标导向去起标题，具体可参考以下几个方法。

一、起标题万能公式：信息量 + 情绪

当读者阅读一篇文章的时候，其实主要是出于两个目的：一是这篇文章

讲了我不知道的东西、让我好奇的东西或对我有利的东西，这是利益点、需求点、好奇点，这个叫作"信息增量"。二是因为我有愤怒、压抑、悲伤、同情、包容、爱等情绪，这些情绪需要被共情、被认可、被宣泄，这就叫作"情绪增量"。

一个好的标题，要么非常强烈地展示出了信息量，要么非常强烈地展示出了情绪。同时展示出信息量和情绪是比较难的，但有侧重地做好平衡，其实并不难。只要我们把控好情绪与信息的核心点即可，内容如图 7-3 所示。

图7-3 起标题万能公式示意图

二、高效传递信息量

1. 巧用对比好理解

对比是个很神奇的方法，当我们单独夸一样东西好的时候，其实很难用语言界定其好坏。但当我们进行具体的对比时，读者就能直观地看到二者之间的差别。

案例 1：《我买得起爱马仕，却买不起爱情》

将买得起与买不起做对比，将爱马仕映射的物质与爱情映射的精神做对比，这是一组典型的"相反对比"，通过对比凸显物质易得、爱情难得的观点。如果我们要写一件东西的珍贵，就可以用更珍贵的东西去形成反衬。

案例 2：《学霸吕秀才 VS 佛系喻恩泰：这才是人生赢家！》

很多人不知道演员喻恩泰是谁，但是很多人都看过《武林外传》，所以我们提到吕秀才，大部分人就都知道他是谁了，这是一组典型的"自身对比"。通过同一属性的两种形态自我印证，进而凸显主体的重要性。自身对比适用于写同一个人的两面性，或同一个事物的两个方面。

案例3：《网红孕妇赌命生子的背后，是和癌症一样可怕的肺动脉高压！》

这是一篇科普文，作者要科普的是肺动脉高压的危害，但世人多了解癌症却不了解这个少见病。所以，作者就巧妙地把癌症作为对比元素放在标题上，进而凸显肺动脉高压的危害程度，这就是个典型的"同类对比"。如果我们想描述一件大众陌生的事物，为降低阅读门槛，就可以找同类型的东西做对比，方便读者理解。

2. 熟悉场景异常化

所谓场景，指的是故事发生的环境；情境，指的是故事展开的方式。一个吸引人的标题，很关键的一点是，既给读者熟悉感，又给读者陌生感，进而构筑"反差感"，激发读者阅读兴趣。

比如《我在厨房洗碗》这个标题中，厨房是熟悉的场景，洗碗又是熟悉的情境，读者会提不起兴趣，失去阅读耐心。如果把情境换一下，换成《我在厨房灭火》，厨房依旧是熟悉的场景，但发生的事件变得异常，反差感就出来了，面对"异常"信息，读者的兴趣就被调动起来了。

案例1：《面对职场性骚扰，千万别 Say NO！》

在职场环境中，面对性骚扰，常规的做法都是鼓励受害者说"不"，但标题却说千万别说"不"，构筑了异常的情境，让读者产生了阅读欲望："为什么面对职场性骚扰，不能说不？"进而点开文章详细阅读。

案例2：《看完〈流浪地球〉后，爸爸为女儿画了6张图，刷爆朋友圈》

电影《流浪地球》爆火后，大家都对科幻、科技话题充满了兴趣，这就是一个熟悉的讨论点，但作者却偏偏把视角聚焦到"爸爸为女儿画了6张图"上，就会让读者好奇这位爸爸到底画了什么？为什么就刷爆朋友圈了？读者产生了阅读兴趣，就会点开文章详细阅读。

案例3：《你竟然喜欢女生？也太恶心了！》

喜欢女生，应该是一件再正常不过的事情，但标题却用的是"太恶心了"来形容这件大家习以为常的事情，引发读者逆反心理：喜欢女生怎么就恶心了？"这也属于熟悉的点为"喜欢女生"，重点在"恶心"这个场景，构造熟悉场景的异常情景。

3. 数字力量需重视

你知道吗？在视觉信息传达的过程中，数字天然自带超强魔力，可有效降低读者的戒备心。当标题中出现数字的时候，因为阿拉伯数字的结构是竖状，有别于汉字的方块形状，读者首先就会被数字所吸引，且数字天然具有分割、断句的作用，可以帮助读者整理信息，降低阅读难度。

案例 1：《21 岁中国女孩死于非命，却被 10000 条留言骂上热搜……》

"21 岁女孩"突出年龄，"10000 条留言"突出强度，读者会因为庞大的数字量对这一社会事件产生好奇，进而阅读全文。同理，还有如《108 天，瘦了 50 斤，这到底是一个什么组织？》《你赚够了 100 万，却可能赔掉了 1 个亿》等标题也将数字运用得淋漓尽致。

案例 2：《采访了 1000 个大学生，我们总结了脱单的 5 条方法》

当我们要使用采访体、问卷体、调研体写标题的时候，数字要尽可能大，比如"采访了 1000 人""调查了 10000 人"等，这样样本才会有可信度；当我们要总结提炼观点的时候，数字要尽可能小，比如"5 点建议""4 个方法"等，这样读者才有动力耐心读完。有的数字要往少了写，有的数字要往多了写，要学会灵活运用。

案例 3：《10 个妈妈 8 个踩坑，母婴店四大套路你中过几招？》

通过"10 个妈妈 8 个踩坑"，直观表达踩坑比例之高，勾起妈妈们的好奇心，是什么坑？为什么这么多妈妈都踩了？"四大套路"其实也有数字，但用的是大写的数字。因为一个标题就一句话，一句话内数字元素过多，也会分散读者注意力，反而会降低数字表达该有的效果。所以，大家在用数字法的时候，也要注意适量原则，一个标题中含 2 个数字元素最佳。

4. 巧用设问引思考

当文章本身就围绕着一个核心问题给出答案，或文章中的关键信息可以形成问答时，我们就可以尝试使用设问法。设问法能够有效引发读者思考，无论他们是否有自己的答案。看到问题，大家的第一反应都是去探寻对应的解答，进而点开文章详细阅读。

案例1：《女人一生孩子，就贬值了？》

标题本身就是一个问题，"女人一生孩子，就贬值了？"这个设问形式，答案很明显，女人并不会贬值。但因为其本身就是一个有争议的话题，所以也算是一句设问。每个人看到这个标题，内心的第一反应可能都是：这不是废话吗？当然不会！但好奇心与求知欲，会驱使着他们点开文章详细阅读。

案例2：《投资孩子，竟是投资你的未来？》

传统印象中"投资孩子"是对子女未来的投入，这里提出的观点是"投资孩子是投资你的未来"的设问，通过一个足够新颖的观点+设问语句包装，进一步激发读者的阅读兴趣，让读者在好奇心的驱使下，打开文章并寻求答案。

案例3：《你竟然不知道粽子曾叫这名字？》

标题用的是"竟然"二字，成功调动读者情绪。粽子是大家熟悉的物品，"竟然不知道叫这名字？"的设问，能够最大限度引发读者好奇，到底是什么名字？我知道吗？我一定要看看！

5. 对话场景接地气

我在给某职场大号做主编的时候，收到过一篇投稿，作者的原标题是这样的：《妈妈陪女儿考研，自己却考上了：你努力的每一步，都是孩子未来的路》。我收稿后排版时，把标题改成了：《妈妈陪女儿考研，结果自己先考上了："女儿，你是我学妹啦！"》这篇文章的数据是平均阅读量的4倍多，对于打开率来说，标题起到的是决定性的作用。

这个原标题本身就不差，是一个带有观点性的励志型标题，且内容本身就能吸引很多正能量的读者。但修改后的标题，以妈妈口吻的表达，把一个普通的观点型标题场景化了，一种对话的感觉扑面而来。让读者置身于这样的母女关系之中，一下子拉近了读者和作者的距离。同样采用这种手法的，是另一篇爆文标题：《94年患癌姑娘最后朋友圈："江山给你们了，朕玩够

了，拜拜。"》

案例 1：《"考研失败，没有杀死我。"》

"考研失败"是一个具体的场景点，可以将读者带入各种考试失败的场景中。后半句"没有杀死我"中的"杀死"更是生动形象地写出了考研失败对作者的影响，虽然影响很大但不足以让他一蹶不振。有类似经历的读者，或即将考研的读者都会有相应的情感共鸣。

案例 2：《"写作第 28 天，我终于过稿了！"》

具体的数字情景"28 天"，"终于过稿了"描述出写作的理想场景。二者结合，"写作第 28 天，我终于过稿了"刻画了一个写作者坚持写作 28 天后，成功过稿的情景。"我"这个第一人称，有强烈的对话感，让读者仿佛是面对面听到这句话，感受到作者过稿的喜悦。

6. 设置悬念引好奇

悬念与设问类似，一般只抛出钩子，但不给出答案，是一个纯粹围绕信息量的标题设置方法。作者通过标题告知读者现象本身却隐藏逻辑推演过程，进而起到激发读者好奇心的作用。

案例 1：《"90 后"辞职成瘾，真相竟然是……》

"辞职成瘾"是一种现象，"真相竟然是……"以省略号的形式，略去关键信息，引发读者好奇，到底是什么导致"90 后"辞职成瘾？读者进而会点开全文，探寻具体真相。大家在取标题时，可以巧用省略号制造悬念。

案例 2：《你能想象吗？呼吸，也能要了你的命！》

"你能想象吗？"一句疑问引发读者思考。"呼吸"作为一个日常随处可见的动作，"也能要了你的命！"引发的严重后果，调动了读者好奇心和恐慌情绪。为什么呼吸就能要命？文章点击率瞬间提升。这就是标题中，常见事件加严重后果，却又不解释原因，设置悬念的标题法。

案例 3：《这样回你微信的人，其实不想和你聊天》

在悬念法引发读者好奇的模块中，也可以巧用代词代替关键信息，如"这样""这几个"等。在这个标题中，设置不想和你聊天的具体场景，让大

家自动带入。"这样回你微信的人"具体是哪样的回复，是对方不想聊了吗？巧妙利用代词，将重要信息隐藏，给出常见场景，激发读者阅读兴趣。

7. 名人热搜趁东风

名人热搜效应，我们在第三章《打造破题"点"：选题是核心》中已经反复讲过了，今天不再赘述。名人热搜，永远是新媒体文的万金油和天生自带流量基础的内容。无论是在标题、开头、正文还是封面中，都会给内容的传播加成，一个很普通的标题，也会在名人热搜的加持下，变得熠熠生辉。

案例1：《"反派之王"刘奕君：人生最坏的结局，不过是大器晚成》

这篇文章的发布时间，是刘奕君主演的电视剧《开端》正火期间。当时，他所饰演的警察热度正高，自带流量。所以就有了这篇关于他的人物稿，对他感兴趣的读者都会点开阅读。

案例2：《舒淇怒怼修图粉丝，袁咏仪嫌弃美图照片：别让网红标准颠覆你的审美》

舒淇、袁咏仪都是大众所熟悉的女明星。结合她们的具体事迹，一个"怼修图粉丝"，一个"嫌弃美图照片"，突出主题"别让网红标准颠覆你的审美"。直接写出核心观点可能带有说教意味，但加上明星的名字，就能起到增强说服力的作用。

案例3：《董卿：人生最好的修行，是不断优于自己》

作为央视的知名优秀主持人，"董卿"一直都是优雅、知性的代名词。这篇文章的观点是"人生最好的修行，是不断优于自己"，加上董卿的背书，增强专业感，也能吸引喜欢或欣赏董卿的读者，从而点开阅读。

8. 直接引语爆情绪

很多时候，我们的文章是在批评某种现象、某种观点、某个事件，那么我们可以用直接引语的形式把需要被批判的内容写成标题。在标题中放置容易引发读者愤怒情绪的负面内容，由事件中的"反派"说出来，更容易引发读者的互动情绪。比如家暴案发生后，我们把标题写成了《鹤山家暴案刷新三观底线："我的老婆，我随便打"》，标题中我们就引用了新闻中男性的言论，并在文章中进行批判。

案例 1：《"倒贴的女孩，真廉价啊！"》

在爱情中，有很多女孩容易感情上头，直接倒贴男孩。这种现象本来是出于爱意，但在有的"渣男"眼里，却是上赶着的廉价行为。这个标题就是借"渣男"之口，说出他们的心声："倒贴的女孩，真廉价啊！"引发读者愤怒情绪。

案例 2：《"你一个女的，不结婚能干什么？"》

这句话常用于催婚场景，很多人对女性都有一种刻板印象，仿佛女性生来就是为了结婚生子，但实际上，女性的价值远不止于此。这个标题直接以那些有"刻板印象"的人之口吻，说出"你一个女的，不结婚能干什么？"的言论，进而在文章正文进行反驳。

案例 3：《"不过摸了你的胸，你就要告我？"》

"摸胸"明显是一种侵犯他人的犯罪行为，但在某些侵犯他人的"咸猪手"眼里，他们会认为不就被摸一下吗？又不少块肉。这个标题直接呈现这种人的言论："不过摸了你的胸，你就要告我？"调动读者愤怒情绪，从而点开文章看作者如何爽快怼回去。

三、激发读者情绪

1. 共鸣

所谓共鸣，指的是能够引发读者相似的情绪。在这个技巧中，抓住痛点、直击要害、简明扼要、引发共情，是利用"共鸣"情绪的核心要义。

案例 1：《"他还是个孩子啊！""滚！"》

很多人都曾遇到过被以"他还是个孩子"道德绑架的场景，但生活中80％的人都因种种原因，敢怒不敢言，不敢直接反抗。在这个标题中，直接用"滚"字说出了大家遭遇熊孩子时最直接的心情，引发读者共鸣情绪。

案例 2：《"在吗？""不在！"》

在日常线上聊天中，经常会出现这类人。遇事不说事，非得先问"在

吗"，让回消息的人进退两难。回吧，怕遇到什么棘手的事情；不回吧，又不知道要说什么。此时，大家最想回复的应该就是"不在"，但却因抹不开面子不好这么回复。这个标题就是帮助大家直接回复，给予读者爽感的共鸣。

2. 委屈

委屈指的是在遇到不公正的事情时，产生的一种情绪现象。我们可以通过构筑场景、对比差距、说出不满、抒发情绪，来利用"委屈"场景，调动读者情绪。

案例 1：《我来得这么早，凭啥挂不了号？一般人不知道的医院挂号潜规则！》

在医院挂号场景中，很多时候并不是去得早，就能挂上号的。"来得这么早"和"挂不了号"形成前后反差对比的差距。"凭啥"直抒不满情绪，增强读者代入感。

案例 2：《海清凌晨 4 点不睡觉：我家有孩子，就不配工作吗？》

具体场景构建为"凌晨 4 点不睡觉"，该场景还能与后文"我家有孩子，就不配工作吗？"形成对比差距，这么辛苦，还不配工作。"不配"表达严重不满情绪，引发父母共鸣。

3. 愤怒

愤怒指的是面对负面事件的情绪。我们可以通过描述事实、理清逻辑、精准讽刺、找准痛点，掌握利用"愤怒"情绪确定文章标题的核心要义。

案例 1：《高铁霸座事件频繁发生：管不住屁股就别做人！》

标题描述具体事实场景"高铁霸座事件频繁发生"，这种明显的负面事件，是很多朋友都会遇到，却没办法避免的事情。"管不住屁股就别做人！"精准讽刺这类人群：连自己的行为都管不住。找准痛点，替读者表达愤怒情绪。

案例 2：《凌晨 1 点，知乎热帖：我 985 毕业，第一次坐飞机被空姐羞辱了！》

标题"我985毕业，第一次坐飞机被空姐羞辱了！"刻画具体场景，"985毕业"与"被空姐羞辱"形成强烈反差，戳中大众"没必要高人一等"与"被羞辱"的痛点，进而调动读者阅读兴趣。

4. 怕死

生命健康是大家最关注的安全问题，在这种选题中，我们可以数据先行、后果铺设、渲染危机、给出方法，是利用读者"怕死"情绪的核心要义。

案例1：《31岁医生熬夜猝死：世界正在惩罚那些不好好睡觉的人！》

"猝死"的严重后果与常见场景"熬夜"搭配在一起，加上后半句观点"世界正在惩罚那些不好好睡觉的人！"引发熬夜人群的警惕，原来熬夜真的会猝死，进而点开阅读。

案例2：《为了十年后不得癌症，你今天就要做到，再忙也要看》

在大众认知中，"癌症"是一个很可怕的病症，提起就会引发恐慌情绪的那种。后半句"你今天就要做到，再忙也要看"增强紧迫感，让读者不得不点开一探究竟。

总而言之，情绪是围绕痛点来的，你有多少痛点，就有多少情绪。如果你挖到了痛点，那它就可以产生情绪，把情绪释放出来，要么设置场景化、要么做对比、要么列数字、要么设问、要么设置悬念……信息量与情绪的排列组合，可以成为标题的万能模板。把每一种方法都尝试一遍，每篇文章至少就可以写出十几个标题。

第四节
起标题的流程

掌握了起标题的技巧后，接下来要了解的，就是起标题的具体流程了。

标题该如何从"无"到"有"再到"优"呢？我们可以按照以下五个步骤来敲定、优化标题。

一、优质标题必三问

在起标题前，我们需要先做好起标题的准备工作，先问自己下列三个问题，明确写作对象、写作重点。

1. 要写给谁看？

这个问题的核心目的，是明确受众结构及受众特点，进一步确认标题写作的重点。如果写的是亲子文，那我们的目标受众就是父母。再具体一点，如果是写给 0～6 岁的宝妈群体，那么在标题上，可以多用宝妈们熟悉的语言。

2. 可含哪些信息增量？

在起标题原则中，我们提到标题最好能有一定的信息增量。所以，在取标题前，我们也要明确文章可以为读者提供哪些价值、哪些需求、哪些利益，最好能将其一一列在纸上。

3. 可以戳中读者什么痛点？

最后，需要再问问自己："这个标题可以戳中读者什么痛点？"将情绪价值挖掘到位。这样的标题才能调动读者情绪，进而吸引读者点开阅读，助力文章传播。

问完这三个问题后，接下来要做的就是对其进行提炼、精简，并确定相应的标题。

二、排列组合借巧劲

所谓排列组合，就是把信息量与情绪一一列出，进而互相搭配，尽量保证各类标题的覆盖面要广。最好是能够将第七章第三节起标题的方法中提到的起标题万能公式"信息量 + 情绪"都搭配组合一遍。

三、用读者思维来想象

我们可以把自己想象成一个不了解文章具体内容的读者，带着读者视角阅读标题，体验兴趣能不能被激发，体会能不能一眼就懂标题所含信息量是什么，体察自己情绪的流露，并一一进行筛选。

这个过程可能非常漫长，因为你可能会经历一轮头脑风暴，像我们编辑部都会针对十几个标题进行集中讨论，有时甚至会花上四五十分钟来打磨一个标题。

四、公开投票择优选

有团队的，可以内部投票；没有团队的，可以找同行投票；甚至可以自己搭建读者群、粉丝群进行投票。投票这一环节至关重要，是真正意义上从读者视角出发，找到标题的最优可能。

五、确定标题定备选

投稿时，除了拟好标题，也可另写 3 ～ 5 个标题作为备选同步交给编辑。现在的头条号、百家号等主流新媒体平台都上线了双标题功能，可以大大增加文章内容被传播的概率。

本章主要与大家分享了"塑造吸睛'势'：标题要诱人"之标题的重要性及起标题的正确方法。从"标题的重要性""起标题的误区""起标题的方法""起标题的流程"四个方面，为大家详细分享了"如何高效搞定一篇文章的标题部分""如何通过情绪 + 信息量的技法，写出激发读者阅读兴趣的好标题"。

在"标题的重要性"版块，从标题的定位、标题的占比、标题的原则三个层面，帮助大家深刻理解标题的重要性。在"起标题的误区"版块，为大家分享了起标题过程中，容易踩雷的四个误区，分别是"增设门槛""居高临下""夸张失真""结构失衡"。在"起标题的方法"版块，从起标题万能公式"信息量＋情绪"，到八大提供信息量的方法分享，及四大常见情绪挖掘，帮助大家解决如何起个好标题的问题。在"起标题的流程"版块，我们将起标题的步骤分为"优质标题必三问""排列组合借巧劲""用读者思维来想象""公开投票择优选""确定标题定备选"五步，帮助大家清晰梳理起标题的流程。

新媒体标题的拟定是新媒体作者完稿的最后一步，是一篇作品留给读者的第一印象，也是最容易被记住的核心金句。没有最好的标题，只有更好的标题。在起标题之路上不断打磨，也是新媒体作者毕生的修行。好内容绝不能因缺技巧而被埋没，希望大家在读完本章内容后，能够给自己的文章取个亮眼的标题，助力文章爆火。

第 八 章

写作赢利的"加法":
投稿的技巧

　　提起"投稿"，大家的第一反应是什么？在我五年的新媒体写作教学生涯中，我发现很多朋友在写作的时候，可以按部就班按照老师的要求走，在改稿的时候，也能做到勤奋踏实、一步一个脚印，但只要提起"投稿"，大家的第一反应都是害怕。

　　"我该怎么和编辑说啊？"

　　"怎么编辑还没回复？是没过稿吗？"

　　"我要不要问问稿费什么时候发？会不会不太好？"

　　我们总是会先入为主地担心，这样发邮件是不是得体？我们是不是漏掉了什么要点？如果编辑短时间内没回复我，我该怎么办？被拒稿了又该怎么办？这些问题，是每一个写作新手，在写作初期都会切实考虑的问题。只要你想通过新媒体文写作来赚钱，那就离不开"投稿"这个步骤。

　　因为对于刚开始踏入新媒体写作圈的朋友们来说，投稿是最低成本的赢利方式，也是成长最快的方式。第一，在稿费方面，平台会直接给作者稿费，大多都是一口价，部分会有阅读量奖励，和数据挂钩。作者与编辑是双向负责的关系，作者需要操心的事很少，只需要与编辑做好配合工作即可。第二，在曝光度方面，作者可以借助大平台的优势来提升自己的名气，为自己后期的个人IP打造做铺垫。因为到后期无论是做账号导流，还是准备出书，还是计划授课，这些都是很好的背书。常见的大平台，读书文可以参考《十点读书》，官方文可以参考人民日报微信公众号，观点文可以参考洞见等。第三，新媒体文大多套路化，很多规则很容易识别，写作方法也容易复制，套路容易学习，更好上手。第四，正反馈较多，投稿的文章有机会得到行业内顶尖编辑们的反馈，作者在这个过程中可以快速成长。那稿件写作完成后，到底该怎么投呢？作为新媒体文写作新手，如何从零开始进行投稿？具体有哪些必要步骤？成为所谓的大咖之后，我们最终的出路又在哪里？内容如图8-1所示。

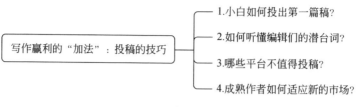

图8-1 写作赢利的"加法"：投稿的技巧示意图

第一节
小白如何投出第一篇稿？

投稿前应该准备什么？问这个问题前，大家不妨再追问自己一下：写作前应该准备什么？我们都知道，写文章不是胡乱拼凑、随便就写，而是要有条理、有章法、有规划。如果在提笔之前就定好观点，大方向就不会乱；如果在最开始就搭好框架，素材的填充就更为轻松。而更高的要求是在动笔之前就要想好给哪个平台投稿。我个人的建议是，同类型平台可以先观察三个。

例如，如果你想写亲子文，你可以按照上稿难度从高、中、低三个层面找三个风格相似的平台。最终目标是高平台，按照高平台的要求动笔，但是中、低两个平台是你的备选。按照这种方法，可以大大减少被拒稿的概率。确定目标平台后，接下来要做的是熟读你想要上稿的平台的至少十篇文章，分析他们突出的风格和喜好，并在自己的文章中有意识地贴近，这样可以让你节省大部分时间。

在文章写完后，自己可以取几个和平台惯常风格相近的标题。这种标题非常吸引编辑，能够极大提升过稿率。随后，直接按照征稿函的要求进行投稿即可。在投稿过程中，时刻谨记，作者不需要对读者负责，仅需要对编辑负责，满足编辑的口味是第一要求。在必要的时候，适当牺牲自己的品位，

平衡自己的三观即可。做好这些投稿前的准备后，就可以直接动手去投了。

一、从哪里找征稿函？

通常情况，微信公众号的征稿函有三种常见的呈现方式。

第一种，可以直接在微信公众号菜单栏，即聊天页面底部找到带有"征稿"字样的链接，点击进入即可。如我的学员小鹿的微信公众号"是鹿酱吖"的菜单栏设置：点击"一起搞钱"模块中的"写作投稿"即可查看具体征稿函，内容如图8-2所示。

图8-2　征稿函查找示意图

第二种，在微信公众号后台发送关键词"投稿"，就会弹出对应的征稿信息。如我的公众号"不畏青年"，直接在后台发送"投稿"，就能收到征稿函的链接，内容如图8-3所示。

图8-3　投稿示意图

第三种，我们可以多关注投稿类公众号，直接在投稿信息平台，筛选自己需要的平台。直接在微信平台搜索"投稿"，点击公众号，就能看到各类投稿信息汇总的平台，内容如图8-4所示。

图8-4 搜索查找示意图

当然，上述方法仅针对微信公众号的投稿。其他平台如今日头条、百家号、知乎等，则是在作者取得一定成绩，有一定知名度后，有需求的甲方会主动联系作者约稿，那样合作机会更多。

二、征稿函该看什么？

找到目标平台的征稿函后，大家要重点看以下六点内容。

1. 该公众号有没有坑人的迹象

坑人指的是假收稿，打着收稿的名义，实际上是为了给微信公众号引流。可以查看其近期文章，有多少篇是来自原创，是收稿而来。如果大部分都是转载文章，或都是号主自己写的，那大概率需要避雷。

2. 稿费是否满意

通常情况下，新媒体写作新手刚开始投稿时，稿费可能不会很高，大多是两位数。等写作能力逐步提升后，稿费才会跟着提升，逐渐突破三位数、

四位数。虽然刚开始大多都是两位数，但 80 元与 30 元的稿费差距还是很大的。所以，大家在投稿前，一定要注意稿费是否满意。

3. 具体投稿方式

投稿方式是邮箱投稿？还是微信投稿？要不要先给编辑报选题？要不要先写提纲？邮箱发过后要不要微信提醒一下编辑？这一点关系着你如何将稿件发送到编辑手里，一定要重点关注。

4. 文章是直接粘贴在邮件正文中，还是需要 Word 附件？

这点需要通过征稿函确定。同时也要核查一下，需不需要简单配图？可以参考微信公众号往期文章，如果文章都没配图就可以不配。

5. 其他细节问题

文件的具体命名是什么？邮箱的标题该怎么写？字数的要求是什么？允不允许放自己的个人 ID？自我介绍需要备注上吗？这些都属于细节问题，俗话说，细节决定成败。建议大家认真对待，这样你的稿件才会被编辑看到。

6. 审稿周期

这点关系到稿件是否能够另投他处。在新媒体文投稿领域，最忌讳的事情是"一稿多投"，即一篇稿子一次只能投给一个公众号。如果出现一稿多投现象，一旦被发现，该作者就会被编辑直接拉黑。所以大家还是要多加谨慎，保护好自己的羽毛。

在研究好平台调性，看熟征稿函后，你就可以按照自己规划好的高—中—低的顺序，开始按部就班地投稿了。当然，投给高平台的要求，是你确实可以达到这样的水平。如果你是新媒体写作新手，不要一开始就想着投大平台，不要轻易被坏掉自己在编辑心中的第一印象。

三、首次投稿注意事项

万事开头难，投稿也是。尽管理论知识学了千千万，但真要行动起来，还是有各种未知的风险。我结合自身五年新媒体写作经验，总结了以下三点易踩坑的雷区，大家注意避坑即可。

首先，一定要做好平台分层，量力而为。从低平台到高平台，层层递进，避免难度太大达不到平台要求，打击写作信心。其次，要留联系方式，保证过稿后，编辑能联系到你。可以的话，记得附上个人简介，这点需要注意的是不要过度吹捧自己，以事实为主。最后，注意投稿的基本格式。如命名格式、投稿文章内容的基本格式。投稿格式参考如下：

标题一　大标题，宋体五号字加粗不超过 28 个字

标题二　标题要带热点词和关键词，要说清楚文章的主要内容

标题三　标题至少给三个，不要一句话翻来覆去说三遍

宋体五号字的正文，不要首行缩进。宋体五号字的正文，不要首行缩进。宋体五号字的正文，不要首行缩进。

一段话字数不宜太多，不要写很长很绕口的句子，注意断句，注意标点符号的使用。一句话没说完，不要用句号，也不要一逗到底。

标点统一用中文标点。文章内案例，人名不要用小 A、小 B，要用中文昵称。注意区分"的、得、地"，例如：

不畏青年（ID: libaishow）是一个温暖有深度的公众号，理白每天都忙得顾不上吃饭，不停地改稿子、想选题。

01　宋体五号字加粗的小标题

每段之间，注意，是每段之间，都要空行。不要设置行间距。每段之间，注意，是每段之间，都要空行。不要设置行间距。每段之间，注意，是每段之间，都要空行。

标点统一用中文标点。

一段话都是重点，或者小标题内又分小标题，统一加粗显示。一段话都是重点，或者小标题内又分小标题，统一加粗显示。

宋体五号字的正文，不要首行缩进。宋体五号字的正文，不要首行缩

进。宋体五号字的正文，不要首行缩进。

02　编辑们对于排版乱七八糟的投稿文档实在忍无可忍了

宋体五号字的正文，不要首行缩进。宋体五号字的正文，不要首行缩进。宋体五号字的正文，不要首行缩进。

如果你要配图，请把图片截得好看一点，放在 Word 中居中显示。如果有动图，请额外做成压缩包发给编辑。

03　凑不够三个，要啥小标题

宋体五号字的正文，不要首行缩进。宋体五号字的正文，不要首行缩进。宋体五号字的正文，不要首行缩进。

投稿统一按此模板，投稿文档有病句、错别字过多、一眼扫过排版过乱，作者本身都不用心的稿件，一律不收。

文章要有头有尾，最后要有结尾段啊亲！文末要有作者简介和联系方式啊亲！投稿指南一定要认真看啊亲！

搞定以上几步，哪怕你是新媒体写作新手，也能顺利投出第一篇稿件，突破首次投稿难题。

第二节
如何听懂编辑们的潜台词？

在投稿过程中，至关重要的人物就是编辑。在与编辑的对接、沟通过程中，我们不但要保证基本的社交礼貌，还要尽可能"善解人意"，要站在编辑角度思考问题，要能够听懂编辑们的潜台词。

如果有编辑微信，在投稿前，我们可以尝试先报选题、列出大概的大纲，如："编辑大大您好，我今天看到了高圆圆生子的热点话题，我隐约记得她在《我，39岁》中曾经说过：'39岁不生孩子，不是她的错。'

　　"我想利用这个切入点，写一个'女性不能把生孩子当作唯一价值'的选题，也结合赌命生子吴梦这个热点，来进一步表达观点，最后落脚到给现代女性一个出口上。"

　　大热点通常要抢位置，熟悉的编辑大多对你很放心。但如果是新媒体写作新手用这一招，编辑就会很为难：我让你写了不好拒稿，我不让你写又怕错过。这个时候，我们的投稿小技巧就可以用上了。无论是邮箱还是微信投稿，都可以做以下这四个步骤，这是加分项，可以让编辑一秒钟对你有好感。

　　（1）研究好平台的常规操作，比如开头有"Hello大家好我是某某某"这样的话，主动帮编辑加上，他们对你的第一印象就会非常好。

　　（2）主动标明原创首发、作者笔名、标题和字数，留下自己的联系方式，与人方便就是与己方便。

　　（3）可以适当总结自己的上稿经历、擅长文体，整理成一百字以内的文字，带着作品去"撩"编辑，会让编辑迅速了解你的水平，效果会更好。

　　（4）不要抄袭、洗稿，也不要一稿多投。有审稿周期的，要严格等到审稿周期过后再转投他处。如果没写审稿周期的，一般是3～7天不等，作者根据情况自行把握。

　　这里以我的一次上稿经历为例：年初，埃塞俄比亚航空空难女生被恶毒评论谩骂的热点上了热搜，恰逢社会大号"王耳朵先生"约稿，我立刻敲定了"有一种恶，是见不得别人好"这个选题，但在比稿PK中，我输了。但我当时没有放弃，而是去尝试转投他处。可惜新平台的调性更为温暖，对方给出的建议是：要有正能量的出口。于是，我在保持前两小节内容不变的情况下，在第三小节处开始转恶为善，变批判为褒扬，列举"互相捧人、互相抬桩"的明星案例、身边事例，把主题导向了正能量。调性调整后，文章少了批判、多了励志，成功上稿。就这样，这篇《21岁中国女孩死于非命，却

被 10000 条留言骂上热搜……》上稿读者微信公众号次条，崭新的阅读量 10 万 + 文章诞生了。

回想我的第一篇百万粉丝大号文章，也是经过和编辑老师沟通，不断改稿的结果。在金庸先生去世的那几天，我写了一篇赵敏个性的人物稿，投给十二老师的"不畏将来不念过去"。当时，十二老师对我说，我对赵敏的理解太浅了，在十二老师的点拨和群里各路前辈们的讨论中，我渐渐形成了新的思路。我写作老师的点评也很及时：立足人物个性，追求女性独立，多看看群里的讨论。当时，我原文的重点落在赵敏的经典台词"我偏要勉强"，而十二老师希望我能体现赵敏性格中"能屈能伸"的深度。在理解十二老师的意图后，我把"我偏要勉强"做了定义的延伸：对他人的"勉强"就是"伸"；对自己的勉强就是"屈"。这份勉强，就成了一种进退有度。不断修改后，我的稿子成功发布在百万粉丝大号之上，可以说是我投稿路上的一个里程碑。

由此可见，改稿，必须建立在充分理解编辑意图的基础上。不要瞎改，要有针对性和突破性。那在与编辑对接的具体过程中，有什么能够直接参考的应对方法呢？我总结了以下四类常见情况。

一、零反馈的应对方法

研究"零反馈的应对方法"前，我们需要先明确一点，"零反馈"都有哪些可能的情况。可能是编辑没看见，也可能是编辑假装没看见。当然，最糟的情况是，编辑默认拒稿。无论是哪种情况，呈现出来的都是"石沉大海"的零反馈。

面对这种情况，我个人建议的应对方法是：千万不要花式催编辑，进行消息轰炸。可以先看清楚征稿函的周期。邮箱投稿到审稿期后基本就没戏了，无论是编辑没看见，还是假装没看见，到审稿期后都可以直接转投他处。微信投稿到期后，可微信再追问一下编辑。这里注意一点，在微信群里 @ 编辑比直接私聊效果要好。

时刻记住一点，催可以，但一定要适度。刚投稿一小时内不要催，没人有义务 24 小时盯着手机回复消息。如果一直没回复，而且是热点稿，可以一小时后催一下，非热点稿，拖六七个小时都没关系。而后，催促的频率维持在一天一次，就已经很高了。必要时，可以在群里 @ 一下编辑，有时候，编辑是因为私聊太多来不及看，甚至是看到了以为自己回复了实际并没有，而他们往往会把工作群置顶，所以在群里的提醒，他们大概率会看到。

二、成功收稿的维护方法

成功收稿后，很多朋友不知道自己接下来要做什么。我们可以参考以下几步。首先，可以与编辑敲定排期，预估一下稿子多久会发布。另外，记得确定征稿函的真实性。必要的时候，可以提供一些基本个人信息，如收款方式等。其次，可以表达愿意继续合作的意愿，如"如果有选题可以找我""我可以直接报选题吗"等话术。最后，适当露脸，别天天水群，也别瞎寒暄。有选题可以大胆去报，别怕，大胆问，而且一定要尽早问。

正常情况下，无论是邮箱投稿还是微信投稿，在确定收稿后，编辑都会给你一个明确的答复。这个时候，如果是第一次合作，就直接问清楚稿费是多少。更重要的是，你可以问一下稿费的发放周期是立刻结算还是 48 小时后结算？是否月结？税是怎么扣的？发稿后，不要急，耐心等待。一般而言，在约定的稿费发放日当天也不要催，再过去 1 ～ 3 天后，可以提醒编辑。

三、明确拒稿的挽救方法

有收稿消息当然最好，但如果没有收稿的消息，反而收到的是"拒稿"的消息，千万别灰心，用对话术，就还有挽救的机会。

通常，常见的拒稿话术有："本文不收，感谢投稿""调性不符"或一长串邮箱套话等万能借口。真正的调性不符，一定有后半句，或者是后半程操作。

面对拒稿的应对方法是，首先，礼貌应对，态度诚恳。其次，请老师指

出问题，如果说的是"调性不符"，那潜台词就是他不想理你了。如果编辑给出了具体问题，那就可以进入下一阶段。

四、留有余地的破局方法

这种情况，通常靠作者自己询问出来的可能性低一些，编辑主动告知的可能性高一些。常见的具体问题可能会有：

"×××素材换一下"

"×××句子润色一下"

"×××删掉"

"标题换掉"

当然也有不具体的问题，如选题问题，那就表示完全没机会了，咱们要做的是回过头研究平台调性，重新想选题。

如果是逻辑问题，对方会说"太肤浅了""没写到点上""你没站在读者的角度上考虑问题""自嗨"，这是因为你没有想清楚怎么清晰地表达你的观点，你跳过了论证的过程，你没有把你的逻辑线清晰地展示出来。此时，你可以重新梳理逻辑线，重列大纲，忘掉你之前写的文章，毕竟这可是个大问题。

如果是素材问题，如老、旧、俗、类似的选题其他作者写过了等，就需要确认一下究竟是选题问题还是素材问题？已被验证的爆款选题不会只写一次的，无非就是你的选题重复度太高了。

如果是语言问题，这是最难解决的，因为它需要潜移默化的积累，慢慢积累网感。常见的回复是"没有情绪""干巴巴的""没有转发的欲望"等。此时，我们可以自查一下，有没有堆砌素材，为了凑字数而凑字数？文章有金句吗？文章是不是一直在讲道理？

正常情况下，稿子都是可以抢救的，好的稿子都是改出来的，就看你肯不肯改了。我见过太多的写手，在各种群里水群，看起来和编辑聊得很好，但实际上，他们的上稿率并不高。其实，编辑心里也很清楚，哪些写手是可以重用约稿的，哪些写手是面上过得去就好的。

时刻谨记，编辑们很忙，没空寒暄。投稿时，千万不要发一句"在吗"后就消失了，直接有一说一才是最高效的方式。带着作品聊天，永远是新媒体写作行业最有效的沟通方式。其实编辑也是人，而且，越是大号的编辑越焦虑。因为编辑不是老板，他们也是有业绩要求的，当数据不好的时候，他们也是很愁的。所以，多去跟编辑要选题，多带着稿子去"撩"编辑，只要你做好了前期准备工作，你的敬业精神只会让编辑感动，而不会被厌烦。

第三节
哪些平台不值得投稿？

看到这个标题，肯定有朋友好奇，作为写作新手，有平台收稿就不错了，怎么还挑剔平台呢？这是因为底层的写手真的太没有地位了。毋庸置疑，市面上90%以上的编辑，都是善解人意型，很多编辑都会为写手争取福利，有的好编辑更是会给写手提出中肯的修改建议，甚至会主动帮助写手规划未来的发展方向。但任何事情都有正反两面，在编辑行业亦是如此。因为我自己也是从写作新手一步一步走过来的，踩过不少投稿的坑。确实，写作初期怀揣满心期待投稿，但在邮箱对面看你稿子的是什么类型的编辑真的不太了解。

在这里，我想对大家说，咱们每位作者都是热爱文字的。稿费是一方面因素，在这个过程中收获成长和快乐同样重要。尊重，都是相互给予的。如果一个平台、一个编辑不懂尊重原创、尊重写手，那他们也不值得我们付出。我们虽然是新媒体写作新手，但也要养成一个意识：擦亮眼睛。以下这四类不值得投稿的平台，建议尽量避开，内容如图8-5所示。

图8-5　不值得投稿的平台示意图

图中内容：
- 不值得投稿的平台
  - 1. "要钱不要命"型
  - 2. "空手套白狼"型
  - 3. "洗稿集装箱"型
  - 4. "三观不一致"型

一、"要钱不要命"型

"要钱不要命"指的是平台附加条件过多，各类克扣稿费的项目层出不穷。在这种类型的平台发表一篇文章，阅读量＋点赞量＋转发量＋留言量几乎全都绑定在稿酬计算里，如果任何一项达不到他们规定的水平，甚至还要扣除原有的稿费。这很容易导致写手辛辛苦苦写出了2000字稿子，拿到手的稿费可能只有十几块钱。记得当时我们还曾经自嘲：还好成绩不算太差，要不还得给人家倒贴稿费呢！

这种满眼都是钱的平台，根本看不到半点对文字、对内容的敬畏心，只有满屏的算计与套路。与其被这些条条框框限制，写憋屈的文字，不如专心提升作品质量，将作品投递给真正需要收稿的平台。

二、"空手套白狼"型

你有没有见过有些收稿平台会有这样的规定："新手作者的第一篇稿子没有稿费，从第二篇开始计算稿费。"这种平台所说的第二篇的稿费，往往设置得非常诱人。但恶心的是，收不收稿、过不过稿都由他们说了算。在这个规定之下，他们会故意只收新人的稿子，美其名曰"多给新人机会"。实际上，就是为了白嫖优质稿件不用给稿费。而那些过了一次稿件的作者们，往往再也没有第二次上稿的机会。这种"空手套白狼"型的操作，对作者来说真的是费心费力还不讨好。到头来，辛辛苦苦写的稿子，一分钱拿不到，可能还得被"PUA"写得不好。

还有一些骗稿平台，收稿时你好我也好，拿到稿子却立刻人间蒸发，稿费更是不知所踪。我曾遇到过最过分的某家平台，看稿时直接出言侮辱："小学生作文都比你写得好！"打脸的是，同一篇稿件，投给比它规模大百倍的平台，直接过稿。谁承想这个更高稿费的大平台收稿后发布时却发现，稿子已经被标记了原创。追根溯源发现，就是那个侮辱作者文笔是"小学生作文"的平台，侮辱完作者，未经作者同意还直接将稿件标记了原创，发布在了自己的平台上，并且未结算稿费。所以，大家在投稿时，一定要警惕这种类型的平台，互相提醒避雷。

三、"洗稿集装箱"型

肯定有朋友参加过比稿项目，虽然大部分平台为保证作品质量，都会设置"比稿"环节，进而"优中择优"。但不是所有的比稿都是真正意义上的"比稿"。

我就曾遇到过这样的平台，打着"比稿"的旗号，同一主题，收了好几十份稿件，结果到最后一篇都没选上。最终，成稿发布后，好几个作者发现，成稿的某一部分，都有自己稿件的痕迹。换句话说，这篇成稿，是根据交上去的稿件整合而成。如此一来，确实是没有稿件过稿，因为最终过稿的是好几篇优质稿件的综合体。这种借着"比稿"的名义，实际上是窃取他人劳动成果、整合稿件的行为，比抄袭、洗稿更过分。

如果大家在投稿过程中，发现比稿人员过多，甚至超过两位数，请果断退出，避免被割韭菜。除非是那种特别有名的大平台，确实受欢迎度较高，所以参加比稿作者较多。大多数情况，比稿一般最多 6 篇，数量再多编辑也审核不过来。

四、"三观不一致"型

更过分的，有些编辑用了写手的稿子，却在写手索要稿费的时候辱骂写手的文章，还到处跟别人说某某写手肯定没有前途等涉嫌"侮辱、诋毁"的言论。编辑与作者本就是不对等的关系，他们还借着平台给予的权力，肆意辱骂他人，这种行为实在是为人所不齿。

我相信，咱们每位作者写文章的初心，都是源于热爱。但如果一个平台，连最基本的尊重都做不到，那它根本不值得我们为之努力与付出。那么，我们该怎样慧眼识别靠谱的平台呢？在这里，给大家分享六个我结合五年新媒体文写作经验总结的小窍门。

（1）一般而言，大平台或者是带有明显个人 IP 标签的平台，相对更为靠谱，这样的平台和编辑会格外爱惜自己的羽毛。前者如"有书""十点读书"等，后者如"不畏青年"等。

（2）可以结交一群志同道合的文友，不只是可以共同进步一起成长，更可以互相交换自己遇到的坑。你有一个坑，我有一个坑，从此以后，我们可以一起避免两个坑。相信团结的力量，大家一起避雷恶劣平台，不要让劣币驱逐良币。

（3）一般正经且靠谱的微信公众号，他们的征稿函都是一眼看得懂的。基础稿费有多少，阅读奖励有多少，有没有其他奖励等项目皆一目了然。而那些花里胡哨、一堆奇奇怪怪计算标准、很难理解或干脆看不懂的征稿函，多半不是什么规范的征稿函。

（4）结合刚才提到的"空手套白狼"型征稿平台与"要钱不要命"型征稿平台，大家在投稿时，也可以参考"没有基础稿费一律不投"的标准。如果是诚心征稿，平台肯定会提供基础稿费、阅读量、点赞量等数据，不是实行扣分标准，而是达到规定数额，会有对应的奖励机制。

（5）一般来说，征稿函写稿费 100 ～ 300 元，那就是 100 元；写 50 ～1000 元，那就是 50 元。这点与大家找工作时看薪资一个道理，看的时候不要管那个上限，那大多都是吸引作者投稿用的，你首先需要考虑的是这个稿费的底线你能不能接受。

（6）稿费标准和微信公众号的平均阅读量一定要对比着看，如果相差太离谱的，那八成充满了坑人的味道。当然，这里所说的不包括大平台。很多大平台稿费可能没那么诱人，但因名气较大，对作者个人知名度有加成，也是很值得一投的。

总之，大家在投稿的时候，一定要擦亮眼睛，不要被无良平台骗稿，浪费写稿付出的心血、精力，如果因此打击了写作的热情与积极性，那就太可惜了。

第四节
成熟作者如何适应新的市场？

看完新媒体写作新手的投稿注意事项后，作为成熟作者，我们又该怎样适应千变万化的新媒体写作市场呢？尤其是身处后疫情时代，新媒体写作领域已步入发展的倦怠期。用户审美点提高，让大多数套路化文章的阅读量极速下滑。腾讯微信也进行过多次改版，让几乎所有没有内容增量的平台统统陷入低谷期。市面上很多的新媒体平台大多没能扛过这个寒冬，少说也牺牲了一半。留存下来的平台，也受到经济形势下滑的冲击，开始紧缩原创需求量，减少收稿数量，收稿的平台越来越少，投稿渠道随之急剧减少。

更揪心的是，随着人工智能 ChatGPT 的爆火，文字工作者被取代的传言一直层出不穷。因为这款 ChatGPT 能够自动一键生成各类文字内容，无论是短视频文案，还是新媒体长文，都能通过关键字词的输入，一键成文。如此强大，堪称碾压式的 AI 优势，就像是坦克、大炮对大刀、弓箭等冷兵器一样的悬殊实力对比。作为新媒体文创作者，无论是新入行的写作新手，还是已身经百战的成熟作者，都难免遭受这波冲击。

新媒体行业真的要迎来寒冬了吗？并不见得。如果你已经身处这个行业，你会发现，恰恰相反，只要你想深挖，新媒体写作行业仍有无限可能。

比如众所周知爆火的短视频领域，再精美的视频也需要脚本设计，也离不开文字的创作。如势头正猛的小红书平台，无论是文案输出，还是封面标题，文字创作才是账号运营永恒的核心。关于成熟作者该如何适应新市场，我结合自身发展经验，分享以下三点思考。

一、合理看待舒适区

好像全世界都在告诉我们，一定要走出舒适区。似乎只有这样，才能帮助我们提升能力，突破思维定式，挑战极限，进而抵达"人生巅峰"。诚然，走出舒适区确实能让我们"更有活力"，甚至可能会遇到更多机遇。但我想告诉大家的是，作为成熟作者，我们要做的不是走出舒适区，而是要合理看待舒适区。

无论你处于写作的哪一个阶段，我的建议都是，千万别急着走出舒适区。稳住你能掌握的平台，活下去才能有机会活得精彩。更何况，在新媒体领域，我们要做的不是想方设法弥补自己的短板，而是要找到自己的长处，挖掘自己擅长的领域，进而不断深耕，才能在这个赛道上闯出自己的一片天。

需要明确一点，"不能待在舒适区"中的舒适区，指的是一种"故步自封"的状态，绝非是在自己擅长的领域如鱼得水。要知道，只有舒适区才是我们的基本盘。如果你恰好擅长写作，那就不断提升自己的写作能力，将某一类型的文章写精、写出彩。唯有如此，才能在保障基本盘的前提下，越发强大。所以，我们要做的，不是走出舒适区，而是要想方设法，找到我们的舒适区，然后钻进去埋头深耕。

二、套路与反套路

后疫情时代，新媒体文最大的劣势在于读者早已看腻了各种各样的套路式文章。毫不夸张地说，大多数过于套路化的文章，基本上看完开头就能知道结尾会讲什么，看完上一段内容基本就能猜到下一段的内容。面对内容同质化严重的问题，很多作者选择的是反套路创新，但创新哪有那么容易。

　　我曾分享过这样一个观点：做博主，请先借助"红海战场"的东风活下去，而不是急着去"蓝海战场"送人头。对于新媒体文作者，我的观点仍是先做好"红海市场"，即写好传统的"套路文"。很多朋友会觉得，传统套路文是那些几乎已经没有增量、只有存量的战场，大佬在这里厮杀，流量被瓜分殆尽，很难继续出头；"反套路文"是那些还有机会的战场，就像2017年的抖音，2020年的微信视频号一样，拥有无限可能。但却从未有人思考过，作为素人的我们，认知水平、手头资源、资本储备等条件尚未具备开创新风口的机会。人人都说，站在风口上，猪都会飞。但我们怎么保证自己所处的战场就恰好是下一个风口呢？

　　想写反套路文成功，我们需要创造力、洞察力、说服力、好运气。想写套路文成功，我们需要模仿力、耐久力、规划力、创新力。在反套路的创新文领域，看似竞争小的，其实隐形门槛更多。而在套路文领域，看似已经成型，大家已经看腻，但尚未晋升为作家的我们，只要有方法、够勤奋，就同样有机会分到一杯羹。

　　所以，我的建议是，在套路文中找到已经验证过的成功模式，找到对标账号及文章，跟着榜样的路径走下去，成功的概率反而更大一些。同时，做出自己的差异化，套路文同样有细分领域，你只要在一个细分领域里给出别人给不了的价值，你就能在一个流量更大的池子里，收获自己的成功。

　　我们需要掌握大流量文章写作的套路，使文章达到60～80分的水准，更要在此基础上，加上自己特有的个人属性，写出90分的高质量文章。毕竟套路化的爆文，是经成千上万篇文章与无数读者验证过的、大家喜闻乐见的文章形式。我们完全可以借着这个东风，在此基础上做出自己的创新与优化，进一步乘风破浪。

三、两条腿走路

　　作为新媒体文作者，除了要有基本盘写作技能，最重要也是最不可忽视的一点，就是做自己的自媒体，保持两条腿走路。所谓"两条腿走路"简单来说就是开辟多渠道收入。你可以是"写作＋IP"，比如我的合作伙伴丽丽赫本，她借助写作，无限放大自己的影响力，从写作班导师，到百万粉丝平台编辑，如今已经是畅销书作者，化身为一个小有名气的作家。

你也可以是"写作＋文案"，如我的私教小鹿，她原本是一名新媒体文写手，后来在此基础上，开拓了文案写作技能。如今，她也完成了自己的蜕变，成为一名优秀的朋友圈文案导师。她不但能写新媒体文，也能横跨多领域写各种类型的文案。

当然，你更可以是"写作＋账号"的组合，比如我自己，就是写作＋全媒体平台多账号运营，覆盖微信公众号、小红书、知乎、百家号等多家知名平台，通过全网铺开的内容，无限放大我的影响力。如今的我已经是拥有60万粉丝的自媒体人，有着源源不断的流量，哪怕不写作也能有许多赢利渠道。

不管是什么平台、什么方式，重要的是，你一定要学会"两条腿"甚至"多条腿"走路。放大你的写作优势，而不是将其限制在新媒体文写作领域。唯有如此，你才能拥有多渠道收入，拥有源源不断的正反馈，进而在写作这条路上行稳致远。

最后，我想给大家强调的是，千万别相信几天速成、一个月靠写作月入过万的鬼话，如果你的心乱了，那无论选择哪条路都会变成嗷嗷待哺的"韭菜"。写作这条路本就需要长期坚持，需要足够的耐力与定力，我们要坚持走正路，不要写不符合自己三观的东西，更不要抄袭、洗稿，坏了自己的名声。

本章主要与大家分享了"写作赢利的'加法'：投稿的技巧"之投稿必备指南及成熟作者该如何适应新市场。从"小白如何投出第一篇稿？""如何听懂编辑们的潜台词？""哪些平台不值得投稿？""成熟作者如何适应新的市场？"四个方面，为大家详细分享了投稿的注意事项、避坑指南等内容。

在"小白如何投出第一篇稿？"板块，从"去哪里找征稿函？""征稿函该看什么？""首次投稿注意事项"三个方面，帮助大家了解如何投出自己的第一篇稿件问题。

在"如何听懂编辑们的潜台词？"中，为大家分享了零反馈的应对方法、成功收稿的维护方法、明确拒稿的挽救方法、留有余地的破局方法，助力大家在与编辑的沟通对接中游刃有余。

在"哪些平台不值得投稿？"板块，为大家分享了"要钱不要命型""空手套白狼型""洗稿集装箱型""三观不一致型"四个需要避坑的收稿平台，也为大家总结了六条投稿注意事项，避免大家被无良平台骗稿。

在"成熟作者如何适应新的市场？"板块，为大家分享了我结合自身经验，总结出的三大应对策略：合理看待舒适区、套路与反套路、两条腿走路，希望能够帮助大家在写作这条路上行稳致远。

投稿成功与否是检验一篇文章内容质量好坏的重要标准，但并不是说没过稿的稿子就一定不好。一篇文章能否过稿的影响因素有很多，它可能和平台调性相关，和编辑审稿时的心情相关，有时候还会和运气相关。如果顺利过稿，当然喜大普奔。如果投稿被拒，也希望大家不要气馁，及时总结经验教训，不断提升自身写作能力。相信自己总有一天，能够拥有"逢投必过"的实力。

第 九 章

写作赢利的"乘法"：
多平台运营

想要最大限度放大写作的影响力、赢利力，最佳方法一定是开启"多平台运营"模式。原因很简单，多平台运营可以助你实现一份时间卖多份钱。对个人而言，出售时间的方式可以有很多种，有的人一份时间卖一次，如教师上课、医生看病等；有的人一份时间卖多次，比如大家都知道的粥左罗写作课，录一次课，可以卖无数次；有的人会购买他人的时间，再卖出去，这就是咱们常说的资本家。

在写作中，最常见的是第一种模式，一份时间卖一次，赚一份钱，就是写作投稿。作者花时间写稿，写完直接拿稿费。有名气的作家们往往都是一份时间卖多次，如花时间写一本书，随后出版卖出好几万册赚版税。而第三种模式购买他人的时间再卖出去，则需要拥有自己的公司，如罗振宇的"得到"或咱们投稿的各大微信公众号。

对普通作者来说，"多平台运营"模式就是让大家从一份时间卖一次，晋级到一份时间卖多次的最佳途径。我们可以写一篇文章，随后一键同步到微信公众号、今日头条、百家号、知乎等各大平台。只要你愿意，你可以将你的文章同步到任意一个能同步的平台。当然，这是最原始的方法。当你的粉丝量积累得越来越多，逐渐形成自己的势能时，你的个人IP就逐渐成型了。这时，你就可以尽情去做写作的乘法，可以是写作乘任意平台，都能做到无限放大。一个平台一份收益，多个平台多份收益，甚至上不封顶。本章会为大家详细分享如何做好写作的乘法，放大个人影响力，内容如图9-1所示。

图9-1 写作赢利的"乘法"：多平台运营示意图

第一节
新时代新媒体平台与矩阵

新媒体是新时代的产物，从宏观角度讲，它是网络飞速发展带来的一种全新的生活环境。我们可以通过新媒体进行学习、工作、生活等日常活动。它是我们了解世界的窗口，是我们随时随地查询信息、交际沟通、休闲娱乐、学习精进的渠道。比起传统媒体，新媒体突破了时间、空间的界限，能更大限度满足我们各种各样的需求。有需求的地方就有市场，有市场就有方向，这就是成千上万新媒体人奋斗的道场。

随着时代的不断发展，五花八门的新媒体平台层出不穷，大家对新媒体平台的选择也更加精细。比如小红书众所周知的功能是种草，微信公众号主要是阅读，抖音则是休闲娱乐等。而这些新媒体平台，大多都有以下三大特点。

1. 提供有效价值

价值可分为干货价值与情绪价值，干货价值就是能够给读者带来新知识，让大家掌握新技能、新方法、新思路。情绪价值指的是能够带给读者正能量，传递快乐、治愈等。如果一个新媒体平台或账号，既无法提供干货价值，也无法给予情绪价值，那它八成无法通过市场的考验，只能被残忍淘汰。

2. 保持内容原创

对"新媒体"而言，媒体只是一个介质，其核心在"新"，即在内容层面，一定要有新意、有创意，具备基本的原创性。这里的原创不只指具体内容的创新，更是指宏观角度的创作理念要紧跟时代发展的创新，也是指创

作形式的创新。如最初的新媒体形式是以博客文字为主，后来发展到图文，再到现在的短视频，时代在进步，我们的内容也要保持创新。

3. 具备生命力

新媒体的生命力重点体现在其价值的高低，即能够影响到多少人。如微信的上亿用户，就是它生生不息的生命力。如果用户数量不足，那新媒体本身也失去了其应有的价值。对个人而言，生命力就体现在粉丝数的多少上，粉丝数越多，影响力越强，生命周期就越长。

了解了新媒体的三大特点后，作为普通人，我们该如何借助新媒体平台的东风，搭建自己的新媒体矩阵，构建"护城河"呢？这就需要我们了解新媒体平台的基本类型及现状。

一、新媒体平台的三大类型

对个人而言，常见的新媒体输出形式有三大类，可以是以文字为主的图文类平台，也可以是视频类平台，目前大部分新媒体平台都是图文与视频皆可支持的综合类平台。但不同的平台，风格调性不同，所以在类型上还是有一定差距。在这里，我们就以新媒体平台的主要内容形式为标准，列举几个主流新媒体平台供大家参考。

1. 图文类

图文类平台，就是以文字为主、图片为辅的内容输出形式。其代表是知乎、微信公众号。做新媒体的人，对知乎、微信公众号应该都不陌生。尤其是知乎，应该算是国内最早的新媒体平台之一，拥有庞大的用户体量。而微信公众号则背靠腾讯体系，自带的上亿用户都属于它的储备军。

在这种以文字输出为主的平台，想要做好就得具备过硬的文字功底。可以是干货输出能力强，能够为大家提供有价值的干货内容；也可以是文字输出够细腻，能够引发大家情感共鸣，调动读者情绪。总之，只要你的文字能给大家带来价值感，就能在这两个平台找到自己的立足之地。

2. 视频类

视频类平台大家一定都不陌生，现在最火的短视频平台就是抖音。作为休闲娱乐的主要 App，抖音在短短几年内异军突起，成为短视频行业的翘楚。能够取得这样的成绩，离不开它强大的营销策略与全民共创的内容来源。另一个视频类巨头是微信视频号，也属于腾讯体系内的一款附带功能，背靠大树好乘凉，微信自带用户流量让它也有着巨大的市场优势。二者的区别是，抖音以娱乐休闲为主，微信视频号则更适合打造私域 IP，分享干货类内容。

相较于图文类平台的低门槛，视频类要求就会高一些。它要求创作者不但拥有脚本写作能力，还得掌握基本的视频剪辑能力、镜头表现力、素材搜集力等综合能力。当然，如果实在不擅长做视频，但又想做视频类账号，也可以付费找会剪辑的专业人员辅助完成。

3. 综合类

综合类平台就是图文与视频两种形式都有，当然，这个意思不是说上面提到的平台不支持其他的类型，而是更偏向于哪种类型。综合类 App 图文与视频平分秋色，基本都受用户青睐，只要内容质量够硬。代表平台为小红书，这是近两年最火爆的种草类 App，主要用户为女性群体，内容上图文、视频皆可，对视觉美观度、内容质量要求均比较高。另一个平台是字节跳动的今日头条，市场较为下沉，如果你的内容受众偏中年群体，可以优先选择今日头条。

擅长文字的作者优先考虑图文类平台，擅长视频的作者优先考虑视频类平台。如果你实在不知道自己适合什么类型，或仍在图文与视频中纠结该如何选择，我的建议是不妨都试试。可以先从综合类平台如小红书做起，在摸索中找到自己擅长的方向。

二、 新媒体平台现状与优劣

虽然图文类、视频类都较受欢迎，但新媒体平台的现状其实并不乐观。

各大平台相互内卷，规则千变万化。比如随着各类短视频平台的涌现，腾讯立马开通视频号功能。甚至在微信公众号图文形式上，也开始参考小红书平台，支持多图文形式。那到底哪种平台更好，更值得我们去做呢？可以结合当下趋势，合理做出选择。

1. 短视频抢夺用户注意力

不可否认的是，比起图文的枯燥乏味，轻快丰富的短视频，更符合人性的偏好。阅读图文内容需要一定的耐心与理解力。但刷短视频几乎不用动脑，还能迅速调动多巴胺的分泌，产生愉悦感。

所以，在短视频当道的今天，大量短视频抢夺用户注意力，各大平台也顺应趋势，扶持短视频的发展。在时代的大势所趋下，短视频已逐渐成为新媒体的主流形式。所以，市面上几乎 80% 的平台都在增加视频功能，进化为综合类平台。

2. 图文生存空间急剧紧缩

短视频飞速发展，带来的直接后果就是图文生存空间被迅速挤压。但这并不是说图文就不能做了，任何事物的存在，都有其对应的市场规律。就像新媒体飞速发展的今天，纸媒确实被挤压，但仍有生存空间。所以，只要你能做出好内容，图文类照样能吸引大批粉丝。某种意义上来看，图文形式反而能帮你筛选目标用户。筛选出的粉丝都是具备基本耐心及思考能力的优质粉。在新媒体领域，无论你的赢利方式是什么，粉丝质量更优质，账号自然才更值钱。

3. 结合自身优势合理选择

看完新媒体基本现状后，肯定有小伙伴内心已经有了自己的答案。但也不乏心存疑惑的朋友，我擅长的是图文类，但短视频更火，我还是想做短视频怎么办？我的个人建议是，可以一试。任何新事物的发展都是从不会到会的。如果你想做短视频，可以先自查缺什么技能，在此基础上，查漏补缺，增加技能的同时还能将自己的新媒体账号做起来，一举两得。

但如果你不喜欢做短视频，就想专注于图文，那也可以。无论选择哪种形式，最重要的一定是内容质量。只要内容足够优质，形式反而没那么重要。毕竟新媒体平台想要做出一定成绩，需要的是长期坚持的耐力，如果选择了一个不适合自己的方向，三分钟热度后就会断更。所以不如选一个自己擅长且喜欢的，保持细水长流的更新，成功的概率才能更大。

三、为什么要有自己的平台

很多新媒体文写手在做自己的平台这件事上，都会存在一定的抗拒心理，尤其是在做平台前期。比起写完投稿过稿后就能拿到稿费这种及时高效的正反馈，新媒体平台启动期往往需要花费大量时间精力，还不一定能得到正反馈。所以80%的作者会选择更为稳妥的收益形式，坚持供稿。

对此，我的建议是，做新媒体平台前期固然辛苦，但作为新媒体写手，如果想要有更大的发展，突破收益瓶颈，一定要做一个自己的新媒体账号。如果说写稿投稿过稿的收入是呈线性增长，那新媒体平台的收益就可能迎来指数级增长。一旦爆发，就是大家理想中的躺赚状态，内容如图9-2所示。

图9-2 为什么要有自己的平台示意图

1. 自己给自己当老板

某种意义上，做一个自己的新媒体平台，相当于是线上创业。收益多少取决于你账号体量的大小，你不但需要保障账号内容优质，还需要规划账号的长期发展方向。既然这么麻烦，为什么一定要做呢？因为当今时代，成本最低的创业方式就是做自己的新媒体平台。

如果只是投稿，在疫情期间，大部分微信公众号经营不善，很多中等体量账号断更停号，大号也开始缩减收稿量，节省开支。这就导致投稿渠道变少，收益自然下降。就像是在公司上班，为别人打工，公司一旦倒闭或有其他更优人选，第一个失业的就是作者。

而做自己的新媒体平台，就是自己给自己当老板，收益多少取决于你自己，想赚大钱就努力做大；想小富即安，积累一定粉丝量后也能安稳躺赚。收益掌控在自己手里，摆脱被动局面。

2. 多渠道收入不设限

打造自己的新媒体平台，最重要的作用是摆脱单一收入渠道，开辟多渠道收入模式。以微信公众号为例，如果你拥有一个自己的微信公众号平台，你可以通过流量主获取收益，也可以通过接广告获取收益。除此之外，如果你的内容质量够高，还可能收到读者的打赏，或直接开启付费阅读赚收益。也可以通过带货橱窗推荐返佣商品带货，如果有读者通过你的链接下单，你就能赚取相应的佣金。

价值最高的是做自己的 IP，后期直接做知识付费。可以开通一对一咨询、做付费课程、训练营（如写作班）、各类付费社群、提供私教服务等。这些赢利方式都可以成为你的收入渠道。你可以跑通一条，也可以多渠道同步进行。

3. 可积累沉淀多留存

比起直观增加的多渠道收益，拥有自己的新媒体平台，还能帮你积累沉淀个人作品。无论以后是做个人 IP，还是做自由撰稿人，你的新媒体平台都可以成为你的作品集。如果你有干货类内容输出，它也能帮你做好干货沉淀，打造你的专属知识系统。

比如我就有一个小号，叫"理白先生"，主要更新内容为我自己的成长经验分享，包含但不限于运营、产品、流量等横跨多领域的干货类思考。这些内容都是我个人经验的沉淀。后期无论是出书，还是做自己的 IP 产品，这些内容都可以为我所用，成为我的生产资料。

四、为什么要打造平台矩阵

拥有自己的新媒体平台还不够，可以的话，我还是建议大家打造自己的新媒体平台矩阵。我自己开通的新媒体平台矩阵，就覆盖微信公众号、小红书、知乎、百家号、今日头条、企鹅号等各大常见、不常见平台。目的就是将我创作的内容全网铺开，正是因为前期广撒网，才有了我现在源源不断的新流量。

无论是做 IP，还是做产品，得流量者得天下。获得流量最有效的方式，就是全网铺开广撒网。放在新媒体运营中，就是打造多媒体平台矩阵，形成自己的流量护城河，这样才能在后期赢利中游刃有余。当然，这只是从收益角度说，打造多媒体平台矩阵的作用远不止于此，内容如图9-3所示。

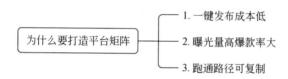

图9-3 为什么要打造平台矩阵示意图

1. 一键发布成本低

不用担心运营这么多平台，忙不过来怎么办。无论是哪个平台，做好运营的核心都是高质量的内容，这就给了我们高效运营多平台的机会。同一篇内容，我们可以直接多平台分发，一键同步更新，一份作品，多个账号同步发布，直接一举多得。同样是花费时间精力，投稿一篇只能赚一次钱。如果是做自己的新媒体平台矩阵，一篇稿件就能发挥其最大价值，有效降低成本。

2. 曝光量高爆款率大

广撒网的主要作用是，全网铺开后，曝光量明显翻好几倍。每个平台的用户群体不同，发布的平台越多，我们的作品被人看到的概率就越大。就像

是找同频的朋友，越大的城市，遇到同路人的可能性越高。如果运气好，踩中了哪个爆款规则，直接出个爆款作品，说不定还能一举成名，收益瞬间倍增，个人影响力也能随之成倍增强。

3. 跑通路径可复制

比起短期内的收益，搭建全平台矩阵是后期做个人 IP 产品的关键。如果你成功跑通某个平台的赢利闭环，那就可以总结自身经验，将其产品化。简单来说就是可以通过新媒体赛道，直接复制多个自己成功的模式，做别人的 IP 导师，教他们如何通过你走过的路径，直接赚钱。这种产品通常客单价高，需求量也大，一旦做成落地执行，收益实现指数级增长就是时间问题。

第二节
常见经典新媒体运营指南

既然要搭建全媒体平台矩阵，当然要从最经典的新媒体做起。结合我自身运营新媒体平台的经验，我总结了以下三个必做的新媒体平台类型。需要注意的是，这里的分类是以其主要内容形式来区分。随着新媒体时代的不断发展，很多平台其实都可以支持多种内容形式，无论是图文还是视频，甚至是直播，都能实现。

在本节中，我会给大家分享各个平台的差异与适合发布的内容类型。需要注意的一点是，帮大家区分各个平台的差异，是为了帮助大家更好更全面地了解各个平台之间的异同。如果计划做自己的全媒体平台矩阵，建议发布同样的内容一键全网同步更新。不必拘泥于平台的主要形式，只要你有产出，就可以同步更新。

一、图文类

从新媒体发展角度来讲，图文类是最传统也是最原始的新媒体内容形式。最早可追溯到古早的新浪博客，类似于现在的微博。当时，大家会通过网络分享自己的想法，互相交流文学内容。这是大部分 90 后的青春。再后来随着新媒体的发展，各平台开始飞速成长，各种新媒体内容形式也在发生着天翻地覆的变化。其中发展最好的图文类平台当属微信公众号与知乎。

1. 微信公众号

微信公众号是腾讯旗下随微信诞生的新媒体平台，背靠微信上亿用户，有着庞大的用户群体。所以微信公众号一经推出，就吸引了众多商家企业关注，纷纷抢先入驻。随后，腾讯不断完善产品细分，将个人与企业的公众号拆分为服务号与订阅号。从那时起，每个人都可以申请一个自己的微信公众号，新媒体时代就此开启。

随着新媒体的飞速发展，各类新媒体 IP 横空出世，如当年大火的"新世相"等，都是在这期间赶上公众号的风口成功实现破圈。如今，很多小伙伴说公众号红利期已过，但我想告诉大家的是，只要你动手去做，什么时候都不算晚。

现在着手做一个属于自己的公众号，它不但能帮你承接私域流量，还能助你沉淀个人干货类内容，形成自己的影响力。那该如何做一个能赚钱的公众号呢？我们需要从以下两方面入手。

首先，明确自身定位，确定赢利模式。如果你是想通过公众号接广告赢利，那就要做好引流积累大量粉丝，提升公众号阅读量，实现更高报价。如果你是想通过公众号放大个人影响力，做自己的个人 IP，那比起泛粉，更重要的是你的精准粉丝。这就需要花费大量时间精力产出优质内容，从公域平台引流。

其次，根据定位，持续产出内容。如果你是想通过接广告赢利，内容上就要考虑账号粉丝的用户画像，尽可能写他们感兴趣的内容，才能保

证阅读量。如果是想做 IP 类账号，内容上就要以干货产出为主，沉淀专业知识的同时，为粉丝提供价值。无论是哪种形式，都要保证持续稳定更新。

具体运营细节较为庞杂，大家可以参考我的《公众号运营私房课》，手把手带你从定位到赢利，打通公众号运营底层逻辑，做一个能赚钱的公众号。

2. 知乎

作为新媒体界顶尖级的问答类知识平台，知乎绝对算一骑绝尘。在新媒体都在争相扩大发展规模，抢占用户的时候，知乎选择的是做优质内容与用户增长，在内容上做到极致。这样的商业战略决定了知乎注定会以内容为主，其主要呈现形式为图文。

由此可见，如果你擅长某一领域的干货类内容，知乎绝对可以算是你的主场。那该如何做好知乎的运营呢？还得从基本定位出发。如果你的目标单纯是为了吸引流量，那就去发干货类内容，保证更新频率。在运营层面，注意把握好以下三大策略。

首先，不断优化账号权重。知乎的问答排序功能，是根据其账号权重排序，而账号权重的决定性因素是收藏、点赞量。如果你的内容足够优质，赞藏量喜人，那账号权重当然就越高。

其次，关注长尾关键词。阿里有位大佬曾说，决定流量的是关系链与关键词。关键词，简单来说就是用户搜索的词汇。比如我的知乎账号"白姐宫斗"中的"宫斗"二字就属于关键词，任何喜欢看宫斗小说的，都会搜索宫斗，那么必然就能看到我的账号。

最后，要会找热点。热点内容能够助你快速起量，这就要求大家有足够快的内容产出能力，能在热度初期敏锐察觉，产出相应内容，这样就能迅速获得大量流量，扩大账号影响力。

二、视频类

在新媒体现状分享中曾提到，当前时代，短视频是新媒体的主流形式。

比起图文类纯视觉刺激的枯燥乏味，短视频以视觉、听觉等多方位刺激，吸引着用户的关注。每个人的注意力都是有限的，在更为诱人的视频面前，图文类竞争力难免被严重削弱。所以在能力允许且时间精力充裕的前提下，我的建议是，可以优先选择做短视频。目前，排名靠前的视频类新媒体平台为抖音与哔哩哔哩。

1. 抖音

作为今日头条的王炸级产品，抖音一经问世，就以其短平快的视频形式及其精准的算法机制，吸引一大批人前去入驻。它的势能有多强大？它能直接捧出当红明星来。现如今娱乐圈的刘宇宁、白鹿等明星，都是抖音网红出身。换句话说，只要你有一定特长或颜值优越，在抖音就可能一夜爆火，进而一举成名。

但综合而言，抖音主要用户群体还是以休闲娱乐为主。对作者而言，想要在抖音上靠视频吸引粉丝，难度可能会偏大，但并不是不可能。在抖音，也有很火的文化类账号如《都靓读书》《阿鱼爱学习》等博主，他们主要分享的内容就是文化类。迁移到写作上，就可以分享写作相关内容。

运营好抖音账号的关键，是要足够了解你的目标用户，弄清楚他们最感兴趣的内容是什么？比起其他账号更讲究逻辑性，在抖音上，最关键的是要有足够的刺激性。想要在抖音留住用户，就相当于在菜市场安心学习，其难度确实不小。所以要想吸引用户的注意力，其核心是信息量足够密集，让用户应接不暇。在此基础上，尽可能实现信息多元化，让用户有较强的获得感，进而产出较好的数据。

2. 哔哩哔哩

哔哩哔哩（B站）又称年轻人聚集地，这里最为出圈的是二次元视频，除此之外，还是包含直播、漫画、电影、短视频、跨年晚会、在线学习等，集多功能为一体的弹幕视频分享网站。B站的主要用户群体为大学生，具备一定消费能力，对线上内容兴趣度较高。

与抖音类似，这种视频类账号的运营，需要大家掌握基本的视频拍摄、剪辑能力。在此基础上，还要有足够优质的内容做支撑。区别于其他账号的优势是，在 B 站，如果你实在不知道该做什么视频，也可以尝试直接开直播写作，也能获得相关奖励。当然，作为一个泛娱乐类新媒体视频平台，B 站的主要功能属性还是以娱乐为主。只是相较于抖音，其学习属性更强一些。

三、综合类

了解了图文、视频类新媒体平台后，相信不少朋友对自己适合做哪种形式的内容已有了答案。但先别急着做决定，市面上还有图文与视频类内容都很强的平台，如小红书和今日头条。

1. 小红书

作为当今时代最火的新媒体平台，小红书的热度绝对只高不低。凭借其精准的种草类用户聚集地，小红书成为新媒体平台中获取精准流量的首选。如果你拥有一个小红书账号，无论是广告赢利，还是 IP 引流，其效率都会超高。在同类型同粉丝量级的情况下，小红书的广告报价能达到微信公众号的 3 倍左右。由此可见，小红书平台的性价比还是很高的。

在运营技巧上，做好小红书账号的关键是要掌握一定的作图技巧、视频剪辑技巧与基本文案写作能力。在内容形式上，可以只更新图文，也可以只更新视频。在条件允许的前提下，也支持图文与短视频内容穿插更新。

2. 今日头条

相比小红书精准的年轻群体，今日头条的用户年龄普遍偏大，中年人群较多。如果你主攻的是婚姻情感、心灵鸡汤、历史文化等领域，可以考虑在今日头条上同步更新，持续深耕，可能会收获意外惊喜。需要注意的是，今日头条的图文及视频类型稍有不同，大多数用户还是以图文为主。由于同属字节跳动旗下品牌，所以今日头条的视频与抖音账号可直接同步更新。

具体运营技巧上，与其他新媒体平台类似，先确定精准定位，在此基础上寻找热点选题，保持持续输出，相信量变总会引起质变，从而形成自己的影响力。

以上只是新媒体平台中，热度较高的几大平台。除此之外，还有很多新媒体平台皆可同步更新，如简书、微博、企鹅号、百家号等均可以。在有余力的前提下，完全可以实现一篇内容，多平台同步更新，最大限度提升曝光量，扩大自身影响力。

第三节
打造新媒体矩阵赢利闭环

你有没有关注过，那些通过新媒体成功赢利的博主们，都是怎么做到的？可以的话，不妨尝试用一个小号，以请教者的身份去加这个账号背后的微信，看看他的微信端口靠什么赢利。是靠广告？知识付费？还是靠卖资料赢利？还是靠分销赢利？

每个博主都有他们自己的赢利闭环，如果这个博主没有，要么是你没有发现，要么是这个博主根本就不值得学习。无论账号粉丝有多少，一个没有赢利能力的博主，就不值得咱们去对标和学习。当然不排除有的小伙伴说我做账号纯粹是为了满足自己的热爱，这样也不是不行。但我相信大部分小伙伴费心费力去做一个账号，还是希望能赢利、有收入的，所以打造新媒体矩阵赢利闭环是实现多平台运营的关键。

所谓闭环，顾名思义，就是跑通全部赢利路径，将不同的新媒体平台联通起来。在实操过程中，主要包含三大步骤。前端要做到吸引公域流量，完成量的积累，可通过公域新媒体平台实现，如小红书、抖音等平台。中端需要有私域平台能够将其承接，通常首选微信公众号，其次是个人微信。后端需要有产品能够实现赢利。这样的过程才能称之为一套完整的新媒体矩阵赢利闭环。那具体该怎么做呢？我们可以从以下四方面入手，内容如图9-4所示。

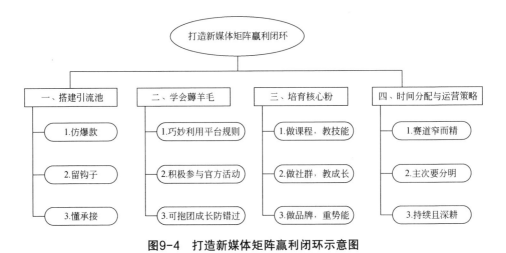

图9-4　打造新媒体矩阵赢利闭环示意图

一、搭建引流池

实现新媒体矩阵赢利闭环的前提，是要拥有足够的流量来源。就像做生意，如果店铺开在僻静的地方，基本上没人来，生意自然差强人意。所以，搭建引流池就显得尤为重要。想要快速获得流量，最有效的方法是蹭热点，即发布与热点事件相关的内容。

有时候遇到一个好的热点，大家都想蹭一下。但是，大家在蹭热点的时候要格外小心，蹭了这部分热点，涨了这些粉丝我真的用得上吗？如果这部分粉丝涨上来，对我的账号没有实质性帮助，可能还会伤害到我的一些更核心的粉丝，那么我劝大家要慎重蹭热点。

但不是随时随地都有合适的热点能够给我们提供流量来源。这时，我们就需要想别的办法来吸引流量，搭建完整的引流池。这里重点给大家分享的是常规的引流池搭建法。

1. 仿爆款

说起爆款，大家肯定都不陌生。其实无论是哪个平台，爆款都是重复的。简单来说就是爆火过一次的内容，肯定还会爆火第二次、第三次，乃至第 N 次。所以如果你想产出爆款内容，不妨先从最基本的模仿爆款做起。详细拆解爆款内容的底层逻辑与爆款因子，再按照这个逻辑，输出自己的内容，就能大大提高爆款产出率。

2. 留钩子

出了爆款后，如何将流量从公域吸引到私域呢？这就需要钩子的协助。可以在爆款内容中夹杂相关资料或干货，诱导大家添加个人微信，引导到私域。这里需要注意的是，不同的目标群体用户，留的钩子内容要有所差别。不是所有的钩子都能留，换句话说，我们通过什么样的手段、什么样的内容去获客，就对应着我们的客流量是一群什么样的人。你用低廉的手段获客，吸引来的一定就是低质量的人。想要获得高质量客户，就要通过留高质量内容来吸引。

3. 懂承接

成功吸引到私域的流量后，还需要我们做好对应的承接。可以是个人微信，也可以是微信公众号。如果你的引流强度不大，每天零星几个，那就可以直接用微信承接。但如果引流量大，一定要优先选择微信公众号，避免个人微信因触发风控限制导致封号。除承接方式外，还需要备好承接资料，如引流钩子中答应送给大家的资料内容。除此之外，也要有相应的产品能够支持你售卖赢利。

仿爆款吸引流量，留钩子引流私域，懂承接实现赢利，这三步就是一个完整的新媒体矩阵赢利闭环。在前期如果没有自己的产品，大家也可以去卖别人的产品，拿分销佣金也是很不错的赢利方式。

二、学会薅羊毛

任何平台为鼓励创作者多进行内容创作，保证平台内容丰富性，都会推

出各种各样的福利活动吸引大家参加。这就是咱们可以薅羊毛的入口,只要你能顺应平台规则,赚点小钱也是很不错的。

1. 巧妙利用平台规则

所谓平台规则,指的是平台最新推出的各种规则。如小红书会有视频扶持计划,如果你想做短视频,那就优先选择小红书。类似的,抖音对图文内容也有相应的扶持策略,那我们就可以借这个机会,实现同步更新。借助平台规则,乘上流量的东风。

2. 积极参与官方活动

除明确的官方规则外,官方还会推出各种各样的活动,为大家提供灵感,鼓励内容向的创作。比如小红书创作中心会有专门的"笔记灵感""官方活动"细分品类。这种官方举办的活动,一定要积极参与,响应官方号召。

3. 可抱团成长防错过

肯定有小伙伴担心,我实在是太忙了,有时候官方活动都结束了才发现,这可怎么办?出现这种情况再正常不过,有效的避免方式是找一群同频的人一起抱团成长。大家一起互相提醒,官方只要推出新规则、新活动,就一起参与,薅平台羊毛,一起赚钱。

三、培育核心粉

新媒体领域有个很火的理论:"1000 个铁杆粉丝理论"。主要是指,对于任何一个普通人来说,如果你有 1000 个铁杆粉丝,配合上相应的产品,基本都可以过得很滋润。换句话说,就是我们至少要在私域沉淀出 1000 个铁杆粉丝,这样才能保证新媒体赢利无忧。具体培育方法,当然是通过做产品不断加强互动,加深链接关系,进而形成铁杆粉丝。普通人可做的产品主要有以下三类。

1. 做课程，教技能

如果你拥有一项具体的赢利技能，那就可以结合个人技能经验，做一款传授技能的课程产品。将你的技能教给更多想要学习、想要像你一样的人。如写作、PS、视频剪辑等技能都可以。这个阶段，我们主要扮演的是工具人的角色，帮助大家解决某一类具体的问题。

2. 做社群，伴成长

如果你成长到一定阶段后，也可以做一个陪伴社群，做一个教大家成长的陪伴者。这一阶段需要传授给大家的是技能背后的底层逻辑。如写作向，如果课程内容是教大家具体怎么写，那陪伴社群就是教大家如何举一反三，写得更好。

3. 做品牌，重势能

做产品的第三阶段，是在完成前两个阶段后的蜕变。此时，你已经从一个籍籍无名的普通人，成长为一个有具体影响力的 IP。大家对你的信任度更高，你的势能也更强，此时虽然可能还没有 1000 个铁杆粉丝，但也差不了多少。在这个阶段，重点要做的是打造自己的核心竞争力，不断扩大影响力，将势能发挥至最大。

通过以上三个阶段的沉淀积累，培育出自己的 1000 个铁杆粉丝就不成问题。如果数量上还是不够，那就重复以上策略，加大引流力度，持续培养铁杆粉丝，打造自己的个人 IP。

四、时间分配与运营策略

了解了写作赢利的乘法及多平台运营的方法后，我们还要注意具体的运营策略，如成本核算与主攻方向。我们一直在强调，要尽可能搭建自己的多媒体平台矩阵，但矩阵不代表每一个都要做到最精、做到最好。即便是全平台同步更新，我们也要确定好主攻方向，结合自身需求选定一个方向持续深耕，

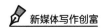

才有可能做出想要的成绩。在具体实践中,大家要尽可能注意以下三点。

1. 赛道窄而精

一句话概括,就是"多平台、同主题、同赛道、要精准"。有很多小伙伴问我:自己尝试了很多种方法来做自己的个人IP,但是都没有一个突出的标签,觉得自己干啥都可以,但是又干啥都不精。

我的建议是,一定要做到赛道窄而精。它决定着你未来一个月能赚一万还是十万。先拿我自己举例。大家都知道我是新媒体写作出身,从事新媒体写作行业以来,我什么文体都尝试过,亲子文、情感文、职场文、鸡汤文我都写过。最终,我把定位聚焦在了医学科普文上面。这跟我的专业是相符的,二者结合,我能够以最高效率迸发出最大的价值来。也正是这样一个做窄的举动,让我能够接触到腾讯医典这样的平台,能够给一些医疗公司写文案,快速把收入提高到月入过万的水平。

2. 主次要分明

即便是全媒体多平台之间,也要有主攻方向,其他作为辅助,逐渐拓宽。在我做知识付费行业期间,就把自己的重点放在了写作教练上。随着自己在这个垂直领域的势能越来越强,我才开始拓宽自己的边界。从写作教练到运营教练,到全媒体运营教练,再到现在的个人品牌教练,路都是一步一步慢慢变宽的。

但如果最开始我没有盯着一个目标做原始势能的积累,而是一开始就做一个大范畴的个人品牌教练,我可能会遇到这些情况:一是没有足够多信任我的人;二是我手里没有更多成功的案例;三是我的思维太过单一,没有办法给我的合伙人相应的帮助和辅导。如此一来,效果自然会大打折扣。

3. 持续且深耕

确定好精准赛道与主攻平台后,接下来要做的就是持续深耕。很多小伙伴在新媒体运营初期,很容易因缺乏正反馈而轻易放弃。实际上,要想做好新媒体,最基本的要求就是持续深耕。一条不火就发十条,十条不火就发

100 条。没量不谈赢利，没粉不谈运营，任何一个平台没有发 100 条以上、直播 100 场之前，不要说赚钱怎么样，平台怎么样。我们要做的是深耕一个平台，做好一个账号。在没有公司和团队的情况下，一年实现 100 万到 300 万收入其实也没想象中那么难。

最后需要给大家强调的是，在深耕的过程中，也要根据用户反馈，有针对性地去设计、优化自己的产品线，解决他们的问题。内容围绕产品服务，赛道围绕内容服务，打通相应赛道。时刻谨记，不以赢利为导向的起号，全都是在自嗨；没有聚焦赛道的内容，全都是在给自己挖坑。

本章主要与大家分享了"写作赢利的'乘法'：多平台运营"之如何搭建自己的新媒体矩阵及打通新媒体矩阵赢利闭环。从"新时代新媒体平台与矩阵""常见经典新媒体运营指南""打造新媒体矩阵赢利闭环"三个方面，为大家详细分享了新媒体的特点、经典新媒体运营方法、搭建新媒体矩阵赢利闭环等内容。

在"新时代新媒体平台与矩阵"层面，从"新媒体平台的三大类型、新媒体平台现状与优劣、为什么要有自己的平台、为什么要打造平台矩阵"四个方面，帮助大家理解搭建自己的新媒体平台的重要性。在"常见经典新媒体运营指南"中，为大家分享了三大经典类型、六大常见平台的运营方式。主要包含图文类，微信公众号、知乎；视频类，抖音、哔哩哔哩；综合类，小红书、今日头条。助大家在新媒体平台的选择上不再迷茫。在"打造新媒体矩阵赢利闭环"板块，为大家分享了"搭建引流池""学会薅羊毛""培育核心粉""时间分配与运营策略"四个需要注意的新媒体平台运营策略，帮助大家在新媒体平台运营中有效避坑。

在新媒体行业，大家一定要找到适合自己的战场。要在行业大现状之外，去寻找自己的核心竞争力和优势。选择是否露脸，选择是否做视频，选择图文是否做华丽的封面，都只是我们针对自己个性以及针对自己的长板优势，结合行业大现状所做出的细微选择。做账号也好，做知识付费也好，做多平台运营也好，在自己熟悉的领域不断拓展自己的边界，才是我们通过多平台运营扩大个人影响力、增强个人势能的最优解。

第 十 章

写作赢利的"减法"：个人 IP 的打造

在之前的章节中，我们讲解了写作的技法及多平台运营相关内容。那么，作为一位成熟作者，随着写作经验不断积累，后续还可以有哪些更"值钱"的发展方向呢？如何才能摆脱靠拿稿费、流量费这些零碎收入实现赢利的现状？

其实，当大家在写作领域拥有一定地位后，就需要摆脱东一榔头、西一棒槌的投稿方式。花时间思考、找准自身方向，在某一个具体领域深耕，形成个人 IP，才能真正享受这个时代的红利，内容如图 10-1 所示。

图10-1　写作赢利的"减法"：个人IP的打造示意图

第一节
为什么要打造个人 IP？

什么是个人 IP？所谓个人 IP 就是你身上的个性化标签。当周围人提到某一领域或某一方面知识时，都会在第一时间想到你。而当你的粉丝想要向其他人介绍你时，也会连带着将这些标签介绍出去。

比如说，我们在提到中国科幻小说作家时，会想到刘慈欣，也会想到他的《三体》《流浪地球》等；而提到中国的现实主义作家大多会想到余华、莫言，挂在余华身上的标签还有"把悲伤留给读者，把快乐留给自己"等众所周知的梗。这种约定俗成的认知，在新媒体领域就被称作某个人的 IP 标签。

正是因为有这些标签在，你会在不知不觉间成为该领域的"专家"。有的人也许没有见过你，甚至连微信都没有，但会在周围人的介绍下认识你，从而链接到你、为你付费。随着标签的传播和深化，你不再是单一的个体，而是某个领域解决某些问题的代名词。

举个例子，巴菲特有很多投资，也在很多领域有着不错的建树，但最为人所熟知的是股票。"巴菲特＝股神"几乎成为大众的普遍性认知，无数人在进入股市前都会找到他的相关著作阅读，也有大量股民紧跟巴菲特的动态研究买入和抛出。"股神"的标签让大家相信他的专业水平，哪怕没有对他进行深入了解，也会从心里相信他的判断力，认同他的价值投资理念。

就我本人而言，自8年前进入新媒体行业，一直在不断强化个人IP标签。这几年"自律"和"搞钱"是我身上最显著的标签，我也因此做出了"自律训练营""自律私教""乐活创富星球"等一系列产品，拥有大量忠实粉，收获了收入的成倍增长，这就是个人IP带来的力量。本节中，我来和大家分享一下，从写作起家的新媒体人是如何通过不断取舍，强化个人形象，形成个人IP，从而真正地吃到互联网红利。

一、形成写作势能

作为一个新媒体作者出身的人，如何才能从"写作"出发，跳出写手圈，形成个人势能，为打造个人IP做铺垫呢？我建议大家前期不设限发散式发展，后期找到优势带专注深挖。

目前，经过时间检验的写手，大多是深耕某一个领域的高手。比如提到二次元猫小姐就想到励志文和官媒，提到Jenny乔就想到职场文，提到刘娜就想到接地气的情感文。其实，大多数作者很难同时驾驭多种文体，也不太可能在多领域深耕。所以在写作过程中，我们需要通过发散和取舍，不断强化自身的形象。

1. 新手期内容发散

所谓写作内容的发散，就是在最初写作的1～2年内，尝试多种题材

和风格，为未来发展提供多条可选择的思路。从题材角度发散，可以尝试影评、亲子文、情感文、职场文、个人成长文等；从语言风格角度发散，则可以尝试搞笑、冷静、暖心、煽情等不同语言类型。

通过不断的尝试，会有明显的体验差异。有一些类型的文章写起来顺手，基本不会卡文，交稿后经常一稿过；有一些类型写起来感受还不错，可能偶尔会卡文，但大多数情况是比较顺畅的；还有一部分类型，每次写起来都磕磕绊绊，即使再努力依然写不好。写文时的直观感受就是对个人优势的筛选，你可以在不断尝试中找到擅长领域。

2. 找到自身优势带

通过一段时间的持续写作，根据自身感受和周围反馈，我们很容易找到自身的优势方向。这些方向大多与你的生活方式或主业工作有一定的关联性。比如有的作者是二娃宝妈又熟读心理学，她们很容易在亲子文领域有的放矢；有的作者是职场高手又励志正能量，他们写出的职场文有趣有料；有的作者心思细腻又经验丰富，他们写出的情感文真实恳切、娓娓道来。

二、从流量赢利到内容赢利

打造个人 IP 后，在赢利途径上会有哪些变化呢？从我个人的经历来讲，如果说个人 IP 在内容上是做减法的过程，那在收入上则是做乘法的过程，内容上的转变带来了成倍的收益突破。接下来，我将从写作赢利的三个阶段为大家讲解。

1. 稿费赢利期

写作初期大部分作者的主要赢利途径来源于稿费。通过多平台、多渠道上稿赚取稿费。目前，单篇稿的稿费在 50 ～ 1000 元不等，根据作者自身的写作能力和写作频率，每个月的稿费总收入在几百元到上万元之间。

当然，想要靠写稿月入过万还是很难的。以 1000 块钱稿费为例（一般需要大平台加阅读量奖励加持才能达到），需要作者每周完成 10 篇左右，平均下来每3天就要上稿一篇。大部分仅靠稿费赢利的作者，单月平均收入在2000 ～ 4000元。

2. 流量赢利期

仅靠稿费赢利天花板较低，对作者自身消耗大，基本是"一分耕耘一分收获"的状态。许多作者在度过初期后会逐渐转换思路，在各大平台创建新媒体账号，进入流量赢利期。

流量赢利，就是根据所接广告的浏览量、转化量等，获得品牌方支付的广告费收入。相比于纯稿费收入，流量赢利收入更高。以小红书为例，如果你是代写作者，一篇小红书笔记价格在80 ～ 200元左右，而如果你是小红书的万粉号主，单篇广告费能达到1000元＋。如此悬殊的价格对比，让大部分作者逐渐转向运营账号。

3. 知识付费赢利期

流量赢利期想要提升收入，需要多接广告或搭建多个账号。但对于单一账号来讲，可承载广告数量有限，广告过多会引起用户反感，影响粉丝黏性；运营多个账号投入精力多，必然需要小助理帮助，成本也会随之增大。想要继续突破赢利天花板，有一部分作者会根据自身优势打造IP，输出成套的知识体系，为用户解决对应问题，进入知识付费赢利阶段。

从稿费赢利到流量赢利再到知识付费赢利，需要自身能力的积累、运营思路的转化及对个人IP的塑造。很多作者走到第二步甚至是第一步就停止了，而只有走到了第三步，才能真正形成个人写作势能，吃到互联网的赢利红利，进一步通过写作走向财务自由。

三、从粉丝思维到超级用户思维

什么样的用户会为我们的知识付费产品埋单呢？给大家举一个例子，QQ音乐上有的歌曲需要付费才能听，对大多数人来说，即使是榜单靠前的歌曲，如果不熟悉演唱者也不会购买，而如果是很喜欢的歌星则会在新歌

上架当天付费。我身边有一位小伙伴是周杰伦的粉丝，他会在第一时间购买周杰伦的电子专辑和实体专辑，还会抢他的演唱会门票。可以说一次新专辑的发布，他至少会花 3 次钱，哪怕都是重复的内容。

上述事例中前者和后者的差别，在新媒体领域可以称为粉丝和超级用户的差别。

粉丝受内容吸引，他们会因为喜爱一篇文章的内容而点赞、收藏、转发，也会因为不喜欢一篇文章取关。因为粉丝喜爱的是内容本身，黏性主要取决于内容质量，大多数粉丝付费意愿较低。

超级用户的早期也是粉丝，他们逐渐由对内容的认可转化为对人的认可。你的每一步改变、成长和成就都会牵动着他们的情绪。当你不断深挖优势，并以成体系的方式输出，满足了他们的需求，他们就会为你付费。

我通过早安打卡和每日复盘，在粉丝心中塑造了"自律"的人设，同时在微信公众号上输出自律相关内容。后来，我将所有实操过的自律理论梳理出来，形成了一套个人风格明显的"自律手册"，收获了一批以"自律"IP为核心标签的超级用户。

四、为"人"埋单

是不是做了知识付费，就能够轻松卖出产品并获得收入？前段时间，在我加入的客单价很高的群里，有一位大哥总是不遗余力地推销自己，几乎每一次出现都伴随着个人业务介绍。这样的圈子是允许大家谈生意、互相链接获取客源的，群主也不会过多干涉。但很奇怪的是，每次大哥出现为自己的产品打广告时，大家都会下意识忽略他说的话。

难道真的是大哥的"产品"本身不好吗？回到我经常说的那句话——这个世界不缺好的产品，缺的是好流量和好渠道。很多人购买产品并不是为了产品的性价比或产品本身，而是为了链接产品背后的人。比如说我当年在推荐公众号课程时，课程与市面上大部分课程大同小异，价格上还会略微贵一些，但依然有很多人购买，因为他们想要通过购买课程获得一个与我链接的机会。

记住，你的调性、你的风格以及你所释放出来的能量就是你的议价权。当你的个人势能足够强大时，你出售的就不仅仅是产品而是人。很多用户会为了链接到你而付费，这就是个人IP的力量。

第二节
如何打造自己的个人IP？

在上一节内容中，我们了解到了"个人IP=优势标签"的概念。当你的个人IP逐渐形成后，不论是你向别人介绍自己，还是别人向身边人推广你时，都不需要长篇大论的讲述，1～2个极具特色的标签，就能够将你的优势概括出来。

如何才能够找到适合自己的IP呢？有些小伙伴一直有做个人IP的想法，却迟迟没有行动，只因为卡在了第一步"我到底适合做什么"。有人会说，我既会写情感文又会写亲子文，书稿也写过一些，我究竟要做哪一个呢？也有人说，我似乎什么都会一些，但是似乎什么都不够精，是不是没办法做个人IP？

每一个人都会或多或少在某一领域发光，几乎不存在一事无成的人。你所谓的"没有可做的点"，只是因为你没有找到可做的点。接下来我们聊一聊，如何找到并打造属于你的个人IP，具体如图10-2所示。

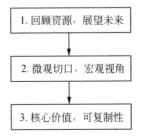

图10-2 如何打造自己的个人IP示意图

一、回顾资源，展望未来

我有一位合伙人在过去的 5 年中做过很多事情，她曾经是教培行业的老师，带过 60 人的大班，也做过一对一的小班家教；做过新媒体写作课的助教，批改了上千份的学员作业，朋友圈积累了一大批作者；运营过简书、微信公众号、小红书等多个平台账号，虽然没有爆火，但大多小有成就；在某工作室专职写文案 4 年多，接触文案类别丰富，如视频脚本、小红书文案、知乎故事文等，凡是涉及文字领域的类型都有所涉猎。

这几年她一直在做加法，也得到了同行们对她"努力""卷"的正向认可。但正因如此，她一直没有找到某一个专精领域，个人 IP 始终做不起来。那么我是如何帮助她找到适合自己的 IP 领域的呢？

1. 回顾已有资源

任何 IP 领域都不是凭空捏造的，需要从你自身擅长且已经有所建树的内容出发。毕竟，树立个人 IP 的前提是能够"解决他人问题"，只有足够深的积累，才能输出有观点、有态度、成体系的内容。

从我这位合伙人的自身情况分析，已有的资源包括教培行业任课经验、朋友圈新媒体写手人脉、不同平台运营经验、文案领域内容输出。其中，文案是她最擅长的，也是理论体系最成型的一部分。而朋友圈的人脉积累，很容易在短期内成为她的第一批超级用户。

紧接着，我又问了她一个问题：你被周围人夸过什么？她告诉我是共情力。由于共情力强，她更善于挖掘用户的深层次痛点，也更能够通过语言去感染他人。最终，我们敲定了文案、共情力和朋友圈人脉这三个关键词，为她规划接下来的 IP 路线。

大家在做 IP 规划前，要仔细回顾当前已有的资源。可以尝试从以下几个角度发问：我的专业是什么？曾经或现在从事哪些工作？有什么专业领域上的特长？有哪些技能方面的优势？有过什么独特的经历或故事？身上有哪些闪光点，曾经不止一次被身边人夸奖？

在思考过程中，我们可以将这些内容逐一记录下来，再找到其中 2～3

个特别突出的点作为重点标记。注意，一定要思考全面，你未来的IP方向，很可能由一个不起眼的小细节决定。

2. 展望未来发展

有些小伙伴可能会遇到这样的情况：朋友圈粉丝数量庞大，但粉丝缺乏付费意识，经常会有人来咨询是否有免费课程。每一次做免费分享时，都会出现一些熟悉的身影，但当课程完成引流到付费课程时，这些人就会销声匿迹。

我在做知识付费的初期也遇到过类似的情况。后面逐渐发现，粉丝夸奖你和愿意为你付费并不相同。夸奖可能只是单纯地口头鼓励，觉得你确实做得厉害但他并不需要，也不向往；而愿意付费则是发自内心的认可，且对方在该方面有足够强烈的需求驱动付费。

回到刚刚聊到的合伙人小伙伴，通过"文案、共情力和朋友圈"三个关键词，我们思考了她可以做的方向，包括"个人IP文案（即创始人文案故事）""朋友圈文案（即朋友圈人设营销）"和"文案写作（即培训学员写文案）"。文案写作方向市场较饱和，基本处于供大于求的状态，很多时候会出现"价格战"；个人IP文案和朋友圈文案目前属于新市场，目标用户清晰，付费能力强，未来发展前景较好。而她自己对朋友圈文案更感兴趣，由此我们确定了她的IP发展方向。

通过这个案例大家可以看出，我们在完成已有资源回顾后，需要对它们进行更深层次的思考，包括她身上这些"独一无二"的特质，在未来是否能够可持续发展？有没有赢利的价值（有没有用户愿意为其付费）？它们是否符合市场规律？当前的市场环境是什么样的？她在未来的市场上是否有足够强的竞争力？

二、微观切口，宏观视角

做个人品牌是一个从"薄"到"厚"的过程，任何内容的需求人群都是有固定基数的。若想拥有源源不断的势能增长，仅靠单一的一个点是很难做

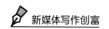

到的。如果说找到定位是从"0"走到了"1"，那么接下来你就需要以这个点为圆心，逐渐扩大你的舒适领域面积，从 1 走到 10、100、1000……

以我本人为例，我身上最显著的标签有"搞钱""自律""健康暴富"等，而我最初被大家所熟知的标签只有"自律"这一点。

打造 IP 初期，我结合自身经历"长达数百天的早起""长久以来的复盘习惯"等，将定位选在了"自律"上。由此，第一款低客单价产品"年度自律营"出现了。它是一套以自身经验为基础，有详细的理论体系和可实操落地内容的课程，加上 365 天陪伴早起和复盘的社群。在社群的运营过程中，我的"自律"标签得到了进一步强化，开始有人愿意向我咨询自律的方法，"季度制的一对一自律咨询"产品也就这样产生了。

随着标签的深化，"自律"让我获得了成倍的收入增长，一次又一次突破收入天花板。我也认识到了另一个与自律相近，可以覆盖更多用户的标签"搞钱"。我结合自身的医学背景以及自律知识，最终得到的标签是"乐活创富"，即如何通过合理化自律，不透支身体的健康暴富。如今，"乐活创富星球"让我收获了上千位超级用户，在和他们的交流与碰撞中，我的自身势能每一天都在稳步提升，向下一个阶段迈进。

大家在做 IP 的初期，不要太纠结未来的路，找到一个足够精准的切口，一步步做好当下该做的事情。随着你的积累以及眼界的开阔，自然会接触到更多用户的需求，从而在宏观视角拓宽优势圈，逐渐扩大势能范围。

三、核心价值，可复制性

近两年，打造个人 IP 几乎成为新媒体人的"口头禅"。然而，并不是所有人都能成功，更多的人只能成为时代的炮灰。

为什么会这样呢？主要原因有两点：差异化和可复制性。在上文中我为大家分享了如何找到自身 IP，并通过一个核心点逐渐扩大势能。接下来我想和大家聊一聊，在个人 IP"泛滥"的今天，如何才能脱颖而出，并长期、可复制地走下去。

1. 找到核心价值

所谓核心价值，就是你要有自己的堡垒和护城河，它是罕见的、特有的、很难复制的。不然，做 IP 的人有那么多，用户凭什么为你停留。

当然，这个核心价值不一定是什么独家秘籍，也许是交付真挚，也许是共情力强，也许是终身制一对一陪伴，也许你可以找到一个看起来成本很高（也许对于其他人来讲很高），但对你自身而言较容易的点，这些都是与众不同的"堡垒"。

我对合伙人的交付是一对一终身制陪伴。最初也有一些质疑的声音，"理白，你疯了吗，一对一终身制语音沟通，这个交付会不会太重了"，对于我个人来说，与合伙人语音沟通不是负担。相反，他们提出的问题都在我的知识覆盖面之内，与他们聊天很轻松，更像是忙碌了一天之后的放松。我经常会在工作日的晚上一边休息一边约几个合伙人聊天，既解答了他们的问题，又是对自身精力的恢复。而"终身制"这个点，就成了很多人无法做到而我能做到的核心价值点。

2. 方法可复制

与"高门槛"相结合的另一点，就是方法可复制性。有一些看似门槛很高的事情，可以快速且轻松地复制出 2 个、3 个甚至更多，均摊下来单个的成本就会成倍降低。

比如我的乐活创富群，核心价值在于我可以 365 天进行分享，这是一个很多人难以做到的天然门槛。但其可复制性在于，在一个社群里分享的内容，我可以同时陪伴分享 10 个社群，未来甚至会陪伴 100 个、1000 个，交付成本始终与 1 个社群一致。随着社群数量的增长，均摊到单个社群的运营成本反而在持续降低。不仅如此，我也可以将社群分享内容整理成引流资料，投放在小红书、微信公众号、星球等多个平台，更多的人会从一份免费资料了解我、添加我、为我付费。而这一切，只因为我做了 365 天分享这一件事。

我们在做个人IP运营时，需要多从事情的可延展性角度思考。不要仅仅

盯住这件事当下的门槛及收益，"一鱼多吃"才是降低成本最高效的方式。

第三节
个人IP"升级"，形成商业闭环

当你完成了个人 IP 的确立，并在私域和公域有了一定程度的积累，更多人会通过 IP 了解、链接到你，那么你就可以考虑做一些个人 IP 升级的动作，比如将个人 IP 打造成品牌、精细化产品搭建、沉淀私域粉丝、建立品牌团队等。通过一系列的相关操作，逐渐构建自身的商业体系，形成赢利闭环。

一、个人名片设计

有学员曾问我：理白老师，如何才能够让用户一眼就记住我呢？对于了解你的粉丝来讲，记住你主要是通过你身上的特质。而对于在公域上第一次见到你的人来讲，记住你需要你有足够"靓"的门面——名字和个人简介，这些内容会为第一眼见到你的用户构建出鲜活的形象。

1. 起一个一眼被记住的名字

我们常说"完成比完美更重要"，对于拥有试错机会的内容，比如个人简介，可以随时调整、补充、修改；比如内容标题，可以随着思维能力和经验累积进行迭代优化。但是人们对于名字总是会产生"完美"的执念，担心名字起不好会影响自己在粉丝心中的印象。

首先想对大家说的是，不必过分纠结名字的完美。虽然一个好的名字更容易给粉丝留下深刻的印象，但大多数情况下，认认真真起一个 70 分的名字也足够用。所以我们只需要认真对待就好，不用在起名阶段过度焦虑。

针对名字，我们可以在"道"和"术"两个层面上进行拆解："道"即打造人设，"术"即好名字＝门槛低＋吸引力强。

道的层面上，就是要通过一个好名字传达你的个性、态度、性格或专业。而术的层面则是门槛要足够低，用户能看懂、不拗口、易搜索、好传播。这里可以重点思考，我的名字读起来通不通顺（有没有生僻字）、搜起来方不方便（写法复不复杂、是否有中英文混杂、输入全拼能否直接显示）、好不好口耳相传（字数会不会太多）。本节给大家提供三个起名字的方法：

方法1：真名／昵称＋职业。这个方法较简单，以职业增加专业背书。比如张红律师、刘峰医生、高中语文老师谭杰等；

方法2：真名／昵称＋职业属性。职业属性就是你的职业或专业特色当中某个记忆点或出圈点。比如厨师这个职业，你可以用"教做菜"来代替，显得更有细节感、更生动，如小王教做菜。

方法3：突出圈层，吸引同频的人。比如地域圈层，北京大爷、寻味苏州、海南岛主、梦回西安、贝贝在广东等；比如人群圈层，北漂小张、打工猛男、流浪者日记、独居青年等；再比如兴趣圈层，爱唱歌的小黄鹂、不化妆不出门、铲屎官萌萌等。

当然，如果你还想起一个更有记忆点的昵称，我再给大家几个小妙招：

（1）善用叠词，比如白怼怼、薛笨笨、李慢慢、王鬼鬼、池早早等。

（2）善用拟物，比如西瓜太郎、瓜子公主、狗子等。

（3）善用称谓，比如白哥、牛姐、齐妈、张班长、王学长等。

（4）善用谐音，比如老湿、砖家、先森等。

（5）善用古姓，比如慕容、冷、顾、叶、轩辕等。

（6）善用数字，比如李十七、王三三、张百亿、二月雪、十三钗等。

（7）善用代称，比如梁靠谱、李千万、马钱钱等。

2. 写一个让人忍不住关注的简介

几乎全部的平台都有简介栏，像我们常见的微信公众号、抖音、知乎、小红书，甚至是微信都支持自定义编辑简介。一条优质的简介，能够作为名字的补充，让用户更加了解你。同时，它还可以作为宣传栏，向用户介绍你的专业，增强对你的信任。

针对简介，我们同样可以在"道"和"术"两个层面上进行拆解，"道"即塑造价值，"术"即好简介 = 高展望 + 易获得。

在道的层面上，塑造价值有三个维度，即"我创造过什么价值、我现在有什么价值、我能给他人什么价值"。创造过什么价值是你的既往成绩，现在有什么价值是你账号的主体，能给他人什么价值是链接后的未来。

以上三点在术的层面上皆有所体现。所谓高价值，指的是你要通过描述"创造过什么价值"让用户对你的成就有很高的期待；所谓易获取，指的是要通过描述"现在有什么价值"来让用户相信他们关注你、模仿你，就能够达到你所描述的高度；在高价值和易获取都满足的情况下，适当抛出"我能给你什么价值"，引导用户与你产生链接。

二、朋友圈设计

管理大师彼得·德鲁克曾说："衡量一个企业是否兴旺发达，只要回头看看其身后的顾客队伍有多长就一清二楚了。"很多伙伴在做个人 IP 时，为了快速持续地获得客源，将大部分精力投入了引流的工作，却疏忽了留存用户的工作。

要知道，拉一个新用户的成本，往往是稳住一个老用户成本的 5 倍。比起新用户，老用户对你更熟悉，已经或正在为你付费，对你的个人品牌已经有过信任，未来进行持续性付费的可能性更高。想要做好老用户的维护，朋友圈是必不可少的私域沉淀途径。接下来，我将从朋友圈好友管理和更新内容两方面为大家分享。

1. 好友管理

很多人在做朋友圈营销时，会在开始阶段遇到"拦路虎"，从而无法继续推进下去。比如朋友圈人多眼杂，发的内容不想被所有人看到，避免造成不必要的麻烦；新媒体人脉来源广泛，但不同产品针对的人群不同，大锅饭式发朋友圈不仅效果差，还容易被拉黑。无论是以上哪种情况，都在向你传递一个信息——你的朋友圈需要分组了。我们可以从以下三个方面，对朋友圈的好友进行详细的分组归类。

（1）打标签

通过微信"通讯录—标签—新建／管理"的方式操作。当然，很多时候让大家头疼的不是找不到朋友圈打标签的功能，而是打标签这件事本身。动辄上千位好友，想要逐一进行分类，一时间很难进行准确的归纳总结。

由于我的个人IP微信号均为圈内好友和粉丝，几乎不涉及生活中的人，所以打标签时只需要对来源和类别进行划分即可，比如社群引流、合伙人等。对于一些小伙伴来说，写作副业和生活共用一个微信号，则可以按照基本关系去分类，如"家人""同事""同学""客户"等，对某一领域也可以再进行细分，如"客户—广告方"。

当你实在不知道按照什么标准进行分类时，可以思考一下你朋友圈发送的内容准备给哪几类人看？或是你的通讯录好友分别由哪几类人群构成？按需分类，能够精准地帮我们在日后定位到目标用户，将有效信息传递给需要的人群。

（2）加描述

通过"点击头像—设置备注和标签—添加描述"的方式，可以对指定好友进行描述编辑。这一操作大多针对某些特定的好友需要我们备注要记住、不定期跟进的事情。

比如对于我的合伙人，我会在备注中简单描述他们的基本情况，以便在提供服务时能够结合他们的情况，进行针对性的咨询和指导。对于刚刚添加的圈内好友，我也会随手备注好友的自我介绍，在日后及时匹配对方的需求，创造合作的机会。

（3）定期删

简单来说，就是定期对微信通讯录的好友进行删除管理，哪怕你的微信好友没有达到10000人上限，定期删也是一个必须要养成的习惯。并不是所有的通讯录好友都有价值，长时间不进行好友管理，大量的无用粉累加起来不仅会挤占通讯录名额，还会时不时恶心你。

我有每天都删20个以上好友的习惯，这其中包括我给资料后没有说谢谢的人、3个月内不聊天不点赞不留言的人、朋友圈对我屏蔽的人、给我发骚扰式营销文案的人、不懂得尊重知识只想白嫖的人。

当然，我的删除规则也与自身的人设相关。大家在定期删时可以根据自身需求和人设制定规则，通过删好友为朋友圈及时换血，保证你的好友始终是紧紧围绕你的人设、能够为你买单或可以转化为为你买单的人。

2. 更新内容

如果你想要更新朋友圈却没有内容可发，其实，不是你没有内容可发，而是你自己主观不想发。发朋友圈的本质，是发自内心地向周围人传递你的思想、生活、工作和动态。当然，它也会在潜移默化中帮助你强化你的人设。

（1）生活向内容

简单来说，就是分享日常。为什么同样是做朋友圈营销，有一些人看起来有血有肉、生动形象，让人更愿意接近和了解，有一些人每天发的内容都是广告、赚钱、引流，让人分分钟想要屏蔽掉？这主要在于你是否塑造了一个真实的人。

我的朋友圈除了有专业向的内容，还会有插画、剧本杀、追剧、旅行、健身、美食等内容，这些也是人设打造的一部分。用户通过朋友圈了解到的不仅仅是产品，还是一个有血有肉有温度的我。

比起只会发营销内容的人，在朋友圈中增加生活内容，可以让你的人设更饱满、更接地气，也更招人喜欢。发生活向的朋友圈时，可以包括衣食住行等方方面面，比如今天吃了什么、在路上遇到了什么好风景、休闲时间做了哪些让自己开心的事情、与好友深度链接时有哪些新的感悟等。

（2）人设向内容

与生活向内容不同，人设向的内容要求严谨、人设一致、专业性强。比如我之前的朋友圈人设是"自律",那我发的人设向内容都是围绕着自律领域的技巧和经验。一般会结合着素材案例(学员案例、自身案例等)按照一定的逻辑思路展开讲解。

当然,除了某一领域的专业性人设打造,也可以尝试个人性格方面的人设打造。比如我日常会在朋友圈适当地"发疯",晒出一些聊天内容,树立"高姿态"的人设形象。这样的人设也为我筛选了一部分不适配的用户,他们看到朋友圈自然会望而却步。

大家在做性格包装时,要尽可能贴近自己本身的性格。比如你本身是个社恐,却立了社牛的人设,那么在后续与用户沟通时很容易翻车。"7分真实,3分包装",既能够展现出你性格中真实的一面,吸引到同频的人,又可以与用户保持适当的距离感。

(3)认知向内容

很多优质的朋友圈,都来自认知向内容。因为这一类型的内容,最容易让用户产生获得感,从而发自内心地对你产生崇拜。所谓认知向内容,就是你对周遭万事万物的看法。它们可以是你通过实践悟出来的,也可以是你在电影中看到的某一句台词,还可以是你通过读书获得的有感而发的一段话。

需要注意的是,发认知向的内容,只要比用户"高半步"就可以了。也就是说这些道理用户也许不知道,但是通过你的讲解能够很轻松地理解。如果一味地追求认知刷新,发布太过高深的内容,反倒会与用户产生距离感,给人"不够亲近"的感受。

三、精准社群

对于打造IP的新媒体人来说,究竟要不要运营社群呢?首先我们需要明确社群的三点作用:沉淀粉丝、保持黏性、为产品造势。

上文中提到,比起获取新的用户来源,维系老用户的成本更低、价值更高、知识付费复购率更可观。所以从任何角度来讲,做好老用户的维系都是一件稳赚不亏的事情。而除了一对一的交付，社群就是最快触达用户的一种交付方式。

在社群中，我们可以做"加餐"知识分享，进行针对性答疑、福利回馈等，这些做法都能够帮助我们保持与用户之间的黏性。比如说，我的年度自律群中会经常更新自律方法，以及我在其他社群中分享的优质加餐内容和近期正在推广的产品广告。这样一方面能够让用户持续地了解我、认同我，看到我的成长，另一方面，等到某一天、某一个点触动他们时，我还能够获得用户进一步的知识付费。

但是，由于社群本身言论自由，所以也是容易被带节奏的地方。大家在做个人精准社群时，除了需要有小助理适时引导和监管，尽量不要在社群内做无法实现的保证，避免造成不良口碑的传递。

四、团队交付

"没有任何人是全能的，一个专业的团队才能快速打造出超能个体。"一些朋友在个人 IP 商业化搭建期间，由于不舍得提高成本、担心资源被分流、不放心其他成员等因素，凡事都要亲力亲为，想要以一人之力与几个人甚至十几个人的团队竞争，这本身就是不现实的。

不论是哪一个领域，向上走到足够高度后，你都需要找到一些人帮助你完成烦琐的、可复制的工作，从而为自己节省出时间思考更深层次的内容，帮助自身商业化不断完善。需要从"寻人"和"分工"两个方面进行，为自己建立一支高效运转的商业化团队。

1. 寻人——如何筛选合适的人

（1）从学员中筛选

目前为止，我的商业团队中 90% 的人员，都曾经是或现在是我的学员。通过长时间的接触以及交付，我与学员的性格、思维、沟通方式等都有了一定程度的磨合，也了解他们每一个人的优缺点。

当我的商业化团队某一环节缺少对应的人员时，我会从学员中找到合适的人选。一方面，由于已经相处许久，不需要太多的时间进行磨合，能够很快投入对应的工作中去；另一方面，既然对方已经为我付过费，那一定是对我的产品认可且有一定程度了解的，也减少了我向对方介绍自己和产品的时间成本。

（2）在社群中主动链接

"主动就会有故事，用力跟这个世界碰撞吧"——这是我一直向学员传递的理念。我们在搭建个人商业体系时，除了帮助我们解决基础问题的"小助理"，还需要与势均力敌的人形成势能、互相搭台。

一般来说，我会在社群、星球的圈子中，主动碰撞和自身同频且能够形成联合势能的小伙伴。通过链接主动向对方介绍自己，同时备注对方所在的领域、当下正在做的事情以及未来的发展方向，在可以与对方有交集的领域，主动寻求合作的机会。

2. 分工——工作流程化，按领域分工

如何才能够提升团队的效率，达到高效稳定的运转？在我看来，"高效"的背后需要的是可复制的方法，以及合适的分工。

（1）可复制的方法

对于任何一个人来说，烦琐、复杂且毫无章法的工作都很难长久地做下去，而绝大部分工作都有一套简单、可复制、流程化的操作思路。我在建立一项新的板块前，一定会身体力行地走一遍流程。一方面是为了熟悉整个操作的过程，以便更好地做人员分配，另一方面也是为了找到一套可以复制的方法。

比如我的小红书账号，虽然一直在更新，但内容均来自微信公众号的截图，只有首图制作花费了一些心思设计。除去前期个人运营的阶段，后续我将首图的图文模板、找图方法以及内容图的截图规格交给小助理，她通过简单的操作就能帮我完成内容同步代运营。

再比如我的某一个医学科普平台约稿，在最初发约稿通知时就整理出了

一份详细的格式，包括字体、字号、行间距等细节，约稿作者只需要按照我标注的细节做格式调整，就能交上一份方便审稿、排版轻松的内容。

（2）合适的分工

俗话说"专业的事，交给专业的人做"，我在组建团队时一直秉承着这个真理。每一个岗位上的小伙伴，一定是我当下能找到的最适合该领域工作的人。这样不仅他们自身在工作时更加得心应手，也可以减少我培训的时间成本。

本章，我们讨论了"写作赢利的'减法'"之如何打造个人IP。从"为什么要打造个人IP""如何打造个人IP"和"个人IP升级，形成商业化闭环"三个方面，分别讲解了个人IP的作用，个人IP的打造方法以及个人商业化闭环的形成。

在"为什么要打造个人IP"版块，为大家分享了"形成写作势能""从流量赢利到内容赢利""从粉丝思维到超级用户思维""为'人'埋单"；在"如何打造个人IP"版块，为大家分享了个人IP打造三步走，分别是"回顾资源，展望未来"和"微观切口，宏观视角"，以及"核心价值，可复制性"；在"个人IP升级，形成商业闭环"版块，我们分别从个人名片设计、朋友圈设计、精准社群和团队交付四个层面，介绍了个人商业化闭环的打造。

单一靠写作很难撬动互联网红利，所有为高额知识付费的背后都是与"人"相关的链接。在写作领域做加法，在个人深挖领域做减法，通过不断扩充与筛选，找出一条最适合自己的IP成长之路。

第 **十一** 章

写作赢利的"等号"：
依托 IP 获价值

在新媒体领域有这样一句话："有了粉丝就有了一切。"作为以写作为核心的新媒体人，想要依靠写作产生持续价值，需要将个人品牌不断深挖和宣传，将粉丝转化成超级用户，最终为我们带来更大的影响力。

在上一章中，我们聊到了"如何打造个人IP"。所谓打造个人IP势能，就是让你的名字在某一领域拥有传播度、专业度和信任感。以我自身为例，"理白学长"在新媒体领域中有一定的知名度，大家知道我擅长做时间精力规划、做多平台账号运营、会打造个人IP等，就会进入我的自律社群，跟我学做微信公众号，当我的合伙人做终身咨询等，这些都是由我的个人IP产生的势能。

本章想和大家聊聊，在个人IP逐渐成型后，我们可以把握哪些机会、掌握哪些技巧、获取哪些资源。此外，如何以写作为根基，提高个人在新媒体领域的影响力，用同等的时间换取更高的价值，如图11-1所示。

图11-1 写作赢利"等号"示意图

第一节

成为最牛打工人

如果你想在新媒体领域有一份稳定的工作，或是你想未来运营自己的新媒体账号，再或是你想撰写书籍、做知识付费产品，那我建议你一定要尝试着成为"最牛"的打工人。

这里的"打工人"指的是新媒体领域的编辑岗位。你可以尝试以全职或是兼职的方式，在某一新媒体账号平台找一份编辑工作，通过选题碰撞、审核稿子、数据监测等一系列操作，逐渐熟悉整个平台的运营方式和思维模式，这些经验将对你未来的"创业"起到正向的推动作用。

当然，如果你想以编辑为主业，那也是一个不错的选择。建议你到一家"志趣相同"的平台工作，最好是中型规模平台或大平台，通过不断的成长成为不可替代的人——比如某一板块的主编。

一、为什么一定要有内容编辑经历？

有小伙伴曾问我："为什么一定要有内容编辑经历？踏踏实实做写手，不断提高写作水平不可以吗？"可以但不建议，原因主要有以下三点。

1. 提高收入天花板

作家余华在接受采访时曾开玩笑，"奋斗的目标就是为了躺平！就是为了过上不被闹钟吵醒的日子"，契诃夫也曾提到，"我要拼命多挣一些钱，以便夏天可以什么都不干"。听起来是玩笑，却无一不在向我们传递一个信息：作者要有输出才能赢利。当然你可以选择成为一位名声赫赫的作者，靠一本《活着》的版税"躺赢"十几年，但又有几个人能成为余华老师呢？

大部分新媒体作者，如果没有继续深挖其他方向，依然以投稿或约稿为主，所有的收入均来自稿费。如果想提高收益，只能通过提高写作速率或提高单篇稿费来实现，天花板相对较低。

当新媒体编辑，则是为写作赢利拓展了第二条途径。比如我曾经是60万粉丝大号"Kris在路上"主编，也是20万粉丝科普号"心照顾"主编，还是专业号"CNS说"的主编。三份主编工作，让我在稿费收入的基础上增加了运营账号内容的收入。即使我不再写稿，每个月依然可以通过审核稿件有所收益。

2. 转变写作思维

当主编与当投稿作者最大的不同是主编能够以用户思维审核文章。

我曾教过的一位写作班学员，文笔不错，逻辑清晰，细节描写到位，但文章整体总是差一点感染力。文章读起来平平的，很难调动读者情绪，赞藏量和转发数据自然上不去。

其实，我们在写作投稿经验分享中，反复提到过用户思维，即站在读者的立场上写作。但是仅作为写手，能看到的数据有限，接触到的真实反馈也是有限的，很难真正掌握用户思维。而成为编辑后，你可以看到每一篇文章的具体数据，也可以从原始打开率和转发率这两个数据中准确地判断标题和金句的质量，还可以通过大量的文章数据精准找到符合用户画像的选题。

更为重要的是，成为编辑后每天至少需要审核 3 ～ 4 篇稿子，多的时候能够达到十几篇。虽然没有亲自动笔写，但审核看稿的过程也是学习的过程。当你将一个类型的文章看 100 篇，那这种类型的文章大概有什么问题也会心中有数，后续在写文时也能准确地规避。这也是为什么有一些小伙伴在成为编辑后，写作能力会飞速提升。

3. 了解完整运营流程

对于后续想要运营账号的小伙伴来说，进入一家微信公众号平台成为编辑，是最高效的了解完整运营流程的途径之一。

我的私教公众号课程学员小鹿，在跟我学习期间以内容主编的身份进入了一家公众号代运营公司。虽然说是内容主编，但由于公司规模相对较小，很多事情要大家一起做。仅用一个月的时间她就理顺了整个运营流程，同时结合私教课程内容，很快将个人公众号涨到了上万粉丝。在这之后，她又和我的另一个私教学员茵茵对接了公众号代运营的 toB 项目，从方案设计到做报价单，给到甲方的资料全面、具体、细节。用她们的话讲"如果没有参与过完整的公众号运营流程，这样的单子根本不敢接"。

所以，不论你后续发展的路是运营个人账号、代运营，还是其他的内容，做一段时间公众号编辑的工作，都会对你有比较大的帮助。

二、如何找到合适的平台

根据平台规模及知名度，我们可以将公众号平台分为头部、中部和尾部三类。头部平台，基本是各个领域耳熟能详的大号，粉丝量甚至能达到100万，几乎每一篇头条推文阅读量都是10万＋；中部平台，在某一领域小有成就，根据选题情况会不定期出现阅读量10万＋爆款，粉丝量在几十万左右；尾部平台，新起的小号，通常粉丝量少，阅读量在几百到几千之间。

我们如何找到合适的平台呢？可以根据各个平台的特性，以及你想要达到的目的来选择。

大平台人员配置齐全，从编辑到主编，再到排版、运营、数据分析，各个板块的内容基本都会有专门的人员负责。进入大平台后，你负责的内容也会相对固定，一般围绕一个领域的内容展开，想要再接触到其他板块的内容相对较难。

不过，大平台流程规范，项目管理有方法、有模板，很值得学习和借鉴。在大平台工作期间，可以主动学习相应的知识内容，为后续自身平台起号做铺垫。除此之外，大平台能够为你增加背书，以后混圈子的时候，"某某大号前主编"的身份可以让你更快地链接到同频的人甚至大佬。

中部平台人员较大平台少，会涉及一个人应对多个板块的情况。比如你的职位是内容主编，可能同时也要兼顾与甲方对接、方案设计、数据监控等工作。通过一段时间的熟悉，你能够跑通公众号的全运营流程。不过，中部平台运营流程相对简单，会存在一些比较明显的弊端，需要你在工作的过程中一边学习一边不断修正优化。

小平台一般由几人或十几人组成，每个人都处于"全能"的状态。工作内容琐碎、涉及领域多，很多时候还要做比较基础的排版工作。刚入行的新人可以借此机会了解平台运行的规则以及公众号团队的工作模式。但由于基础工作内容过多，挤占的时间和精力也会比较多，同时也不太会有背书的效果。在积累一定经验后，可以考虑尽快进入规模相对大一些的平台。

三、如何找到主编岗位

如何才能找到一个合适的主编岗位？目前没有直接与平台对接的人脉资源，还有没有希望找到主编岗位？其实想要做主编并不简单，除了要自身写作功底过硬，还要有一定人脉链接，但这些都是有技巧可寻的，能够通过日常的一些操作逐渐积累。

1. 关注各大征稿平台

有一些约稿、征稿平台会定期推送征稿函，也会不定期放出某些新媒体岗位的招聘要求，包括运营岗、排版岗、编辑岗等。另外，有一些小伙伴对指定的账号"情有独钟"，也可以去关注该账号推送的消息。在岗位对外招聘时，其相关要求也会放在公众号的推文部分。

如果你已经是在多平台上稿的成熟作者，有作品阅读量10万＋的经历加持，当看到上述招聘信息时，可以针对性地整理出一份投稿简历进行投递，其中包括对账号调性的了解、相似调性的作品、写作经历概述等，很有可能会收到心仪的录用通知，成为一位内容主编。不过，有一些平台是要求全职坐班的，大家在投简历的时候也需要根据自身情况进行权衡选择。

2. 关注平台相关岗位

如果你有经常投稿的平台，并且有编辑的联系方式，在日常投稿时可以尝试着主动去接触编辑，或通过关注对方的朋友圈，找到能够主动出击的点。有些平台可能需要社群运营助理、排版小编，或校对审核人员，这个时候不妨去主动申请尝试，接触了解新的领域，会有助于你在另一个层面了解自己的写作内容。

以我自身为例，在写作初期与"心照顾"合作多次，与对方的编辑也比较熟悉。当"心照顾"放出校对审核岗位时，标明了"有医疗背景优先"的条件，与我的主业恰好匹配，再加上我对这个岗位感兴趣，就立刻给编辑发送了简历。在这之后，我顺利加入了心照顾的审核团队，每个月发出十几个选题，再抽出时间批量审核。这不仅让我了解了从整个选题到内容审核的过程，还敦促我不断优化迭代自身审核效率以及团队合作方式。

3. 熟悉的平台主动出击

除了"心照顾"平台，给我带来巨大收获的另一个平台是"Kris在路上"，这也是一家我做了很长一段时间内容主编的平台。当年通过投稿认识K叔，添加了他的微信号。在我初入新媒体行业的阶段，通过几次优质的投稿和不错的数据反馈，给K叔留下了比较深刻的印象。在后面的接触中，我也通过一些操作，不断向对方展示自身优势，主动寻求能够合作的机会。"Kris在路上"账号发布招聘内容主编时，我整合了当时自己与该账号对标的经历，并主动向K叔"请缨"，最终拿下了这个岗位。

了解过"Kris在路上"的小伙伴应该都知道，他们家的稿件选题角度普遍新颖、观点内容深刻，是当时观点类文章中质量非常高的平台。在"Kris在路上"平台当内容主编时，通过不断与团队的人打磨选题、筛选审核文章、讨论数据，我的内容输出能力飞速提升，也真正理解到了用户视角的概念。之后无论是快速做出万粉平台账号，还是小红书1个月涨粉3万，都离不开这段经历带来的成长。

四、背靠大树好引流

俗话说"背靠大树好乘凉"。在新媒体领域里，如果你能够靠上一棵"大树"借势，通过对方的影响力引流，远比搞一大堆引流动作效果好太多。而选择一家合适的账号平台，也有可能让它成为你的"大树"，帮助你的个人IP起势。

如何靠平台的"大树"做引流呢？

1. 增加自身背书

大平台主编身份本身自带流量。当你在一些写作群里做粉丝引流时，作者为了后续合作获得约稿机会，会主动向你发起添加好友申请。我在最初运营个人IP时，已经有了三重主编身份。对外引流和向人介绍自己时，主编

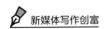

的身份会提高专业感和信任感，从而增加自身势能。也因为这些身份，让我在群里顺其自然地链接到了粉丝和同行人，从而在之后的 IP 沉淀过程中越做越顺。

2. 主动为"大 V"服务

如何才能"借势"呢？圈内大佬是否愿意被你"借势"？这其中需要一些技巧。我的一位私教学员在门票五位数的社群里，群友大多数是有一定的积累、有自身产品、在各领域有所成就的"牛人"。而这位学员处于个人 IP 起步期，产品还在搭建过程中，不知道如何在群里引流，我建议她主动向大佬提供"帮助"。

比如对方是做知识付费的，而你自身是做知识付费销售文案的，那你就可以主动为对方优化一份文案。如果这份文案写得足够亮眼，能够被对方采用，并且能让对方在社群中替你说两句话，那引流的效果是远远超出自身在群内发言的效果的。

以平台账号主编的身份为跳板，你能够接触到更多的业内大佬，通过主动向对方提供服务，促使对方在公域为你发言，从而为你带来成倍的引流效果。

第二节
成为最牛"中间商"

一、为什么要成为"中间商"？

作为以写作为核心能力的新媒体人，大部分人选择了在写作领域深挖的方式发展，他们中的一些人成了主编、资深作者，通过在大号工作或供稿来赢利。而我身边还有一类小伙伴，对于持续性写作这件事"深恶痛绝"。在他们的感受中，写作拿稿费是一件非常辛苦的事，基本上是一分耕耘一分收获的状态。如果由于生病、旅行、有事等耽误了写稿，收入就会肉眼可见地减少。而如果长期合作的微信公众号因为意外倒闭，也会瞬间失去一个可以赢利的渠道。这样算起来，确实不够划算。

有类似担忧的小伙伴，可以选择另一条路径深挖——成为最牛的"中间商"。在甲方眼中，你能够拿得出最靠谱的方案，而在乙方眼中你能给到最高的回报收益。

二、如何成为"中间商"？

如何才能从写手转化成"中间商"？可以按照这样的步骤操作。

1. 提升个人势能

为什么你能够做"中间商"，而其他人不能做"中间商"，甚至无法直接对接到甲方？因为人与人之间的资源是不对等的，这种资源不对等的本质在于个人势能之间的差异。

比如新媒体圈内很有名的一个知识星球"生财有术"，里面有来自各行各业的大佬，包括亦仁老师、粥左罗老师、小马宋老师等。但是，星球里的每一位成员都能够链接到他们吗？当然不是。

很多初入星球的新人以为，想要"背靠大树好乘凉"只需要给大佬提供足够的情绪价值、多展示露脸，甚至给对方发一个6.66元的红包就够了。真的是太天真了。经验和势能均衡才能交流，彼此都有收获时才能够合作，否则就是单方面的请教和索取。

我们之所以将本章节内容放在全书靠后的篇章，是因为要成为"中间商"需要你在新媒体行业有足够多的积累和人脉。你只有链接到某些大咖，或进入了一些高门槛社群，再或者成了多家大号的稳定供稿人，才

更适合做一位"中间商"。这个时候，你就可以将你有的而别人没有的资源盘点一下，在需求方和资源方中间起到桥梁的作用，从而赚取"差价"赢利。

2. 利用好资源差异

在新媒体行业内，即使大多数人有这样或那样的需求，他们想要链接到能够解决需求的人也并不容易，通常需要其他人牵线搭桥，或者通过在共同圈子互动。而想要链接势能比自己强很多的人更是难上加难，这时候"中间商"的价值就体现了。

以我自身为例，我在今年加入了一个门槛 5 位数的社群，在这里我能够链接到很多新媒体圈内的大佬。而在这过程中我做了另一步操作，就是当这个社群和目标用户的"中间商"。

通过几年的积累，我已经拥有一大批超级用户，他们认可我的价值观和产品，一次或多次为我的产品付费。而通过对这些超级用户的服务，我也了解到了他们想要继续向上提升的意愿，恰好我有这个社群的人脉资源。在短短的 3 个月时间里，我成交了 50 多位合伙人，不仅在社群（甲方）里得到了核心的位置，也通过交付帮助超级粉丝（乙方）快速成长，双方各取所需，我也赚取了不菲的"中间商"赢利收入。

3. "中间商"如何交付？

作为甲方和乙方的"中间商"，究竟该服务到什么程度才可以结束呢？根据你"代出售"的内容不同，可以选择不同的方式交付。

（1）编辑与写手的中间商

这一类"代出售"的内容主要是根据编辑提供的选题需求，找到合适的人选来完成稿件内容，并且能够按时交稿、保证质量。做这一类"中间商"的小伙伴有不少，比如经营一个写手工作室或运营一个投稿账号。

运营写手工作室需要交付的内容多一些。面向写手（乙方），你需要有足够强的凝聚力管理团队，能为写手提供让他们"留下来"的收入或成长空间，同时还需要制订详细的规则，如交稿日期、交稿质量等。对于编辑（甲方），你需要为对方保质保量且准时地供稿。想要达成以上目标，你需要制订一套工作室运营流程，不定期进行团队内部培训，以自身势能去吸引更多甲方等。

运营一个投稿账号相对简单，你只需要前期做好搭建即可。前期的账号注册、涨粉、运营等思路，可以参考多平台运营中为大家介绍的公众号运营部分。当账号逐渐成熟后，你需要筛选好编辑（甲方），为粉丝（乙方）提供一个可以投稿的渠道，自己从中赚取渠道费。

（2）知识付费产品与用户的中间商

与上文中的交付不同，在知识付费产品与用户之间做"中间商"，需要更强大的个人势能做支撑。像我在上文中列举的"成交合伙人"，如果我没有形成个人势能，我也没办法拥有足够多的超级用户，更无法顺利成交。

想要做好知识付费产品与用户之间的中间商，需要注意这几点：首先，确定你的超级用户中是否有该产品的目标用户，你的个人势能是否足够让他们信任你，并愿意为你的产品付费；你所遇见的产品是否真的能帮助你的用户。

信任是在一次又一次的"付费"和"交付"中建立的，每一次欺骗和割韭菜都会消磨对方对你的信任。而当信任被消磨殆尽后，他们就无法再为你付费了。珍惜每一个用心引流过来的超级用户，在交付的时候多一些真诚。

三、做甲乙双方都需要的"中间商"

目前，市面上做"中间商"的人并不少。有一些人越做越大，得到了甲方的认可，乙方也对他死心塌地；有的人则明显在走下坡路，甲方越做越少、路越走越窄，乙方也对他怨声载道。如何才能做甲乙双方都需要的"中间商"呢？

1. 多想想能为对方提供什么

任何想做"中间商"的小伙伴，都是想通过这个途径更快地赢利，这一点毋庸置疑。但在获取利益的同时，要多想想能为对方提供什么。对于甲方，是否可以提供足够多的专业知识帮助对方解决问题？是否有足够多的写手能够匹配对方大量的需求？是否有足够多的目标用户帮对方引流出售产品？还是我一直强调的一句话，彼此都有收获才是合作，单一的付出和索取都是不稳定的关系，很难长久。

我在出售合伙人产品时，五位数的门票并不便宜。但我仔细盘点了一下自身的资源，将个人产品免费或打折、提供终身制一对一答疑等福利，统统给到了购买合伙人产品的小伙伴。用他们的话说，购买合伙人产品等于终身拥有了理白。而他们也因为感到足够值得，尽最大可能帮我去做宣传，等于无形中多了一大批"销售"，让我即使在度假中也能轻轻松松获得"睡后收益"。

2. 真诚才是必杀技

我的合伙人们不止一次和我说，当初没有与我沟通太久就直接上车，是因为我身上的一个特点"真诚"。也许有人会质疑，都是存在于网络中的人，"真诚"难道不是包装出来的吗？我想告诉大家的是，"真诚"可以包装一时，但很难一直维持下去，如果你的目的太过赤裸裸，怎么能一直藏在真诚的情绪价值之后呢？

无论是出售我的产品，还是出售我做"中间商"的产品，我都有自己的原则作为约束：不收家庭困难者的钱，不收贷款得来的钱。同时，还会劝退一些头脑一热就付费的用户。

由于多年在新媒体行业内的积累，以及一段时间的个人 IP 经营，我在成为"中间商"之前已经积累了足够多的忠实粉丝。其中，也会有粉丝因为我的推荐"无脑入"某些知识付费产品。对此，我的建议是一定要再三确认用户需求。

我所有成交的合伙人，基本上都是在与我进行一对一交付时，主动提出某些需求后达成的成交。因为这些需求内容恰好能够被合伙人的模式覆盖，所以我才会主动推荐合伙人的社群。而对于通过我朋友圈的营销主动找到我想要加入合伙人的小伙伴，我会仔细与对方沟通，了解他想要通过加入合伙人获得什么，我这里能否帮到他等，再进行进一步的推荐或劝退。

第三节
成为最牛创业者

在我过去的几年个人 IP 沉淀过程中，经常会思考这样几个问题："我为了什么而做？我要做哪些事情，解决了哪些人的哪些问题？想要达成做某事的目的，我需要和什么样的人一起合作？在完成整件事情的过程中，我需要具备哪些能力？"

个人 IP 需要依靠产品去赢利价值，产品的存在能够增大个人 IP 的影响力。如果没有一款产品，那么个人 IP 价值很难被传播出去，有需求的人在互联网上搜索时，就不会看到对应的内容，更没有办法因此找到你、了解你、链接你。而如果有了产品做桥梁，那么用户在学习的过程中只要觉得有用就会主动去帮你传播，在潜移默化中帮你强化个人 IP。可以说，产品与个人 IP 是相辅相成的，二者缺一不可。

如何才能做好一款产品？这一章节我们就来解决如何打造产品的问题，从用户、需求、设计、搭建与迭代的角度，与大家分享打造一款产品的基本流程。

一、人人都是产品经理

所谓"人人都是产品经理",是因为每个人都对需求点有一定程度的认知。当你能够将这些点加以利用,并结合自身 IP 方向深挖,就能够做成解决一类人群问题的产品。话虽如此,身边依然有很多人做出的产品不被问津,辛辛苦苦打造的社群运营不到两期就草草"流产"了,问题到底出在哪里呢?

1. 明确目标人群

做产品与写文案相似,在开始前都需要做详细的人群调研。尝试问自己几个问题:"目前的粉丝人群画像是什么样的?想要做的产品适合哪一类人?产品能够解决他们的哪些需求?自己是否擅长并能够成体系输出?"

我曾经接触过一位做个人 IP 的自媒体人,她有一款售价四位数的知识付费产品,课程内容很全面,但销售量并不好。聊到这款产品时,我问她"产品的用户群体是哪些人",她告诉我"任何人都能学,从入门到精通,没有任何门槛",但我并不认同她这个观点。

给大家举一个例子,比如你要做一门公众号的课程,课程章节在 12 节以内,每节课程的录制时间不超过 30 分钟,你能够覆盖所有人吗?也许可以,但适配性太低了。刚入门的新手需要你从零开始教授运营账号知识,学习过一段时间的用户想要引流涨粉,有过 1 ~ 2 年经验的用户更在乎持续运营和多渠道赢利。

如果不提前做好用户画像,想要面面俱到的结果只能是"看起来什么都讲了,但什么都没讲透"。那么用户自然没办法学到自身想要的东西,课程的后续销量以及口碑都会受到影响。

2. 从用户角度看问题

在上文讲述编辑经历时就与大家分享过,成为某一账号的编辑,可以拿到更直观的原始数据,帮助你从用户角度看问题。不论是写文章还是做产品，都需要具备"从用户中来，到用户中去"的思路。因为产品的最终购买者、使用者、评价者和传播者是用户，只有设身处地地从用户的角度出发，才能够做出"被需要"的产品。

什么样的产品才是"被需要"的产品呢？其实，需求产生的本质是因为"理想与现实存在差距"。很多人希望能够通过自身行动去减少甚至消除这种差距，而能够帮助他们达到这一愿景的产品，就是被用户所需要的产品。

比如说，做小红书平台的人，想要在一个月内迅速涨粉破万，如果有人能为他提供"小红书涨粉课程"，并给出可实操、可复刻的理论方法，则很容易触动该用户的购买欲。

做课程一般可以从这两个角度满足用户的需求：

一类是以科普为目的的通识性内容，不针对具体实操和问题解决。学习此类课程是为了拓展知识面、开阔眼界，在与人交谈时增加谈资。不过，这类课程需要你在某一领域有足够的影响力，才会吸引到为课程付费的用户，像之前央视频道播放的《百家讲坛》类节目，请到的嘉宾大多为某一领域的学者、大家。

另一类是以解决问题为目的的实用性课程，课程内容针对解决某一个或某一类具体的问题，具有较强的实操性。用户通过课程学习，能够解决自身遇到的问题。做这类课程不需要你是大师级别的人物，50分水平可以教零基础用户，80分水平能教30分用户，只要你的经验可以覆盖用户，能够帮助解决他们遇到的问题，那么你的课程就是被需要的。

3. 产品符合市场

除去目标用户和群体需求，跟上市场的趋势，不做与时代大方向背道而驰的事情也很重要。

2009年教人做淘宝，2014年教人做微商，2019年教人做私域流量，2020年教人做抖音，2021年教人做闲鱼店群，2022年教人做视频号，只要你能踩对时间节点，就能轻松赚到钱。

我们社群有一位小伙伴，在 ChatGPT 刚出来时，快速做出了一套 ChatGPT 课程，并进行了几次迭代，趁着风口期卖出了上百套课程。有时你的专业与当下市场趋势并不相同，你也不需要每出现一个新内容就去追，只需要将个人长处与市场大环境紧密结合。比如我的私教学员茵茵擅长文案写作，已经在该领域深耕 5 年，在个人 IP 大势所趋的今天，我为她规划的方向是打造"个人 IP 文案"。既能够结合当下热点，又是她擅长的领域。

二、产品"制作"全流程

在我们明确了用户群体及其需求后，就要进入详细的产品设计阶段。接下来我将从产品设计、产品定价以及支付方式三方面为大家详细地讲解，如图 11-2 所示。

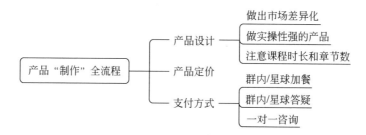

图11-2　产品"制作"全流程示意图

1. 产品设计

（1）做出市场差异化

大家有没有发现这样一个问题，当市场上某一产品爆火后，很快会出现与其相似或相同的竞品。而当某一类产品市场逐渐饱和时，很容易出现"价格战""抢人"等情况。此时如果继续进入市场，不但很难分到一杯羹，还可能耗尽精力得不偿失。所以，在产品设计阶段我们需要尽可能规避产品同质化的问题。

如何才能规避呢？尝试从更细分的领域去切入，将自身优势与细分领域相结合，做出"独一无二"的产品，迅速占领市场。比如说擅长文案写作的小伙伴会发现，目前市面上的写作培训班、文案培训班已接近饱和，不仅供需关系不平衡，想要达成"上稿"的承诺也很困难。那是不是说明文案已经不能做了？

我们可以尝试转换视角，思考哪些地方还用到了"文案写作"。比如在朋友圈宣传个人IP时用到了"朋友圈人设文案"，在朋友圈卖产品时用到了"微商文案"，在介绍个人产品时用到了"IP产品文案"。只要你研究清楚了目标群体，就能轻松从某一个点撬动市场。

（2）做实操性强的产品

随着知识付费产品的"爆发"式增长，越来越多的人制作出了多领域的付费产品。对于用户来说，可选择的内容也越来越多，要想在诸多产品中占据一席之地，就要能够直接、高效、准确地解决用户目前面对的问题。

比如你要做公众号课程，你可以做"从0到1搭建公众号平台"课程，也可以做"公众号涨粉引流"课程，还可以做"公众号小助理培训"课程等。我举的例子都是为了解决用户的具体问题，基本上用户学完就可以立刻上手实操，这样的课程在快节奏的当下才更具备竞争力。

（3）注意课程时长和章节数

我遇到过一些做知识付费的同行，为了显得课程内容量很大，一节课常常会拉长到1小时，导致很多学员看了1～2节课就再也看不下去了。什么样的时长更合适呢？从用户角度去思考，大部分人都是利用通勤、早晨或晚上回家的碎片时间进行知识输入，所以20分钟以内的课程长度适中，用户既不会觉得课程时间太短，又不会因为过长而有负担。

对于课程章节数来说同样如此，某一个具体的问题，通过3～5节课就能完成学习并马上能应用最好。如果仅仅是一个"公众号涨粉引流"课程，就被拉长到十几节或二十节，那么从用户的角度来看并不会觉得干货

很多，反倒会觉得课程太拖沓。而与实操性课程不同，通识类课程如"72讲了解中国史"，课程篇幅越长越会给人带来极强的获得感。本质上是因为，一个是由于用户"有问题"要马上学会并实操，另一个仅仅是用户为了增加谈资扩大知识面的积累。后者自然课程时间越久，用户学到的东西越多越划算。

2. 产品定价

如何为自己的产品定价？目前市场上一共有哪些产品类型？接下来我以知识付费产品为例为大家讲解。

目前市场上的产品分为引流产品、标准产品和高客单价产品：

引流产品的主要目的是在公域吸引粉丝，一般可以采用发放免费知识手册、免费资料、99/年陪跑群、99/年知识星球等形式，以极低的价格为用户提供部分服务，从而让公域吸引过来的用户认可你的理念，了解你的产品，再进行接下来的深入付费。

标准产品一般定价在 499～699 元之间，以个人知识体系进行核心课程输出，一般课程章节控制在 20 节以内，除去课程本身提供的服务，还会额外赠送社群、资料包、不定期答疑等服务。

高客单价产品一般针对一对一私教定制，价格在几千元到上万元不等，客户通常由标准课用户转化而来。提供的服务包括标准课的全部内容，以及一对一指导（包括语音答疑、文字答疑等形式）。

我们在为产品定价时，需要将产品包含的内容逐一列出来。可复制、可大批量产出的内容价值不高，即使在整理的过程中消耗了一定的时间，比如发放资料、群发答疑等。因为这种交付无论是针对 1 个用户、10 个用户，还是 100 个用户，利润都没有增长。而不可复制的，具有一对一定向性的，需要消耗你较多时间的内容通常比较值钱，比如一对一的咨询、一对一定制化 IP 规划等。

3. 交付方式

有些时候，相比于产品本身，用户更在乎的是服务。其实很好理解，同样是"公众号运营课"，某平台上花几块钱就能买到一大堆，用户之所以选择你而不是去买盗版课，是因为更在乎除了课程以外的服务，比如你的答疑、互动、督促等，这些都需要花费时间和精力去运营。

一般来说我们可以提供哪些服务呢？

（1）群内／星球加餐

相较于其他交付方式，内容加餐是用户体验感较好且消耗我们精力较少的方式之一，同时也非常好进行"一鱼多吃"的操作。比如我的每日加餐，虽然每天都需要进行 10 ～ 15 分钟的知识分享，但大多是我当天经历的有感而发，基本不用费太多精力去思考。而我分享的内容会由小助理整理到云文档中，通过日复一日地积累，逐渐成为自己的引流手册。后续其他人链接到我，或者我在其他平台进行引流时，都可以分享这份资料，让他们尽快了解我在做什么，以及我能为他们带来什么，从而实现转化。

（2）群内／星球答疑

比起加餐，答疑需要的时间和精力会更多。一般以群内／星球内定期"问题整理 + 针对性答疑"的方式操作。因为涉及"针对性"答疑，就需要对用户提出的特定问题进行分析，而不是像上一种交付方式一样可以随心所欲地进行分享。

不过，这种方式给用户带来的体验感会更好，尤其是在引流社群内。一般每个月组织一次社群的问题答疑，提前收集好 10 个左右的问题（控制好问题接龙的数量），并在指定时间进行统一答疑。注意，答疑的时候要 @ 提问题的小伙伴，给他一对一服务的感觉，这样更容易将引流用户变成标准课用户或一对一用户。

（3）一对一咨询

这种类型是最消耗时间，也不具备可复制性的交付方式，通常用于私教制的服务。一般由学员或我来主动发起，针对学员当下遇到的问题以及未来的规划进行一对一的辅导交流。如果是刚开始做一对一咨询的朋友，可以提前向学员收集问题，避免在沟通时无话可说，或回答不出对方问题等情况

出现。

需要强调的一点是，做任何产品时都不要轻易做无法兑现的承诺。一定要再三思考目前对用户承诺的内容"是否低价售卖了自己的时间""是否能够做到（如上稿 N 篇）""是否过高估计了自身精力（如终身制改稿）"。

三、产品的后期迭代

如何才能不断延长产品生命线，做出始终被用户需要的产品？在我看来，比起想要一次性将产品做到"极致"，通过用户反馈、内容体验及市场动向动态性调整产品更为重要。

从零基础将产品做出来只是第一步。任何一款好的产品都是通过一次次打磨强大起来的，在明确目标的前提下，不断优化和迭代内容，最终趋近于完美。接下来就与大家分享，如何进行产品优化迭代。

1. 用户反馈迭代

用户是产品最直接的需求者和体验者，一款产品的好与坏，通过用户的反馈能够直观地反映出来。我们可以通过预售群／陪跑群和反馈收集的方式找到产品迭代的方向。

（1）预售群／陪跑群

简单来说，就是在正式产品推出之前，通过社群的形式让用户陪伴产品研发。在这个过程中，你可以通过群分享、群答疑、问题答疑等方式不断向用户征集意见，再根据收集的内容边设计产品边调整，争取在第一版产品完成时就能有不错的用户口碑。我有很多私教学员都在使用类似的方式发售产品，这样不仅可以修正产品方向，还能够提前增加与用户的黏性，对后续的口碑推广、产品销售等都有着促进作用。

（2）反馈收集

在产品售出后，如果是陪伴式的社群，可以不定期与用户互动，收集用户关于产品的反馈意见。当有新的想法产生时，可以尝试通过问卷调查及朋友圈投票的形式进行意见征集，或以内部"行动群"的形式进行验证，以此将产品迭代。

我自己的"自律陪伴群"最初只有早起和晚复盘打卡，同时给用户提供了自律手册，用户可以自行制作月度计划、年度计划发在群里。之后，我组织了"早期行动营"，发现大家对押金制的行动营呼声很高，于是从"自律陪伴群"衍生出了"早起行动营""周复盘行动营""运动打卡营"等玩法，被群友称为是"吃喝玩乐搞钱"全安排的自律营。

2. 市场变化迭代

什么是市场变化迭代？有的小伙伴做事情很没有"长性"，特别容易听风就是雨。今年有人说小红书风口来了，他就去疯狂卷小红书赛道；明天有人说短视频风口来了，他就立刻去卷短视频赛道。但忙活了半天，最终什么成果都没有做出来。

无论做什么产品，我们一定要清醒地认识到个人的长板优势，再结合当前市场的主流趋向，做出细微的随市场变化的内容迭代。不论你选择哪一个领域，只有在自己熟悉的领域不断拓展，才是成长路上的最优解。以核心优势做地基，依靠市场变化不断拓展战场边界，这就是我们常说的"T字模型"——先做深，再做广。

本章中我们讨论了"写作赢利的'等号'：依托IP获得价值"。从"成为最牛打工人""成为最牛中间商"和"成为最牛创业者"三个方面，为大家提供了后续发展的方向和思路。在"成为最牛打工人"板块，为大家分享了"为什么一定要有内容编辑经历""如何找到合适的平台""如何找到主编岗位""背靠大树好引流"；在"成为最牛中间商"板块，为大家分享了"为什么需要中间商""如何成为中间商"以及"做甲乙双方都需要的中间商"；在"成为最牛创业者"板块，我们分别从"人人都是产品经理""产品制作全流程"和"产品的后期迭代"三个方面介绍了IP产品打造思路。

最后，送给各位小伙伴一句话：你的产品正是因为依托于用户所以才存在价值，而用户是不断成长和变化的。想要做好个人 IP，只有终身学习成长，让你的经验阅历始终覆盖用户，同时拓展用户群体边界，才能够让个人 IP 势能经久不衰。

尾声　做在当下，赢在未来

靠写作到底能不能赚到钱？周围有些小伙伴在坚持一段时间后转到其他行业去了，纷纷表示新媒体的红利期已经过去，在这个领域赚不到钱；也有一些其他行业的人如财务、文员、医生等加入了写作行列，他们觉得通过写作创造价值很有成就感，"睡后"收入的感觉让他们的生活过得更轻松，副业的收入也能轻松超出主业几倍甚至十几倍。写作到底能不能赚到钱，关键还是要看个人。其实，各个行业都是如此，用对方法走对路就能走得快走得远。并且在前进的过程中，我们收获的不仅仅是金钱。

以我个人为例，我做新媒体的 8 年时间里，我的收获超乎想象。研究生期间，由于所选专业的原因，我每个月有 15 天都在全国各个城市飞。而作为一位新媒体人，最不缺的就是来自各地的朋友。于是我就利用做课题、办公之余游遍了祖国大好河山，和很多有趣的人见面，拓宽了生命的宽度。为了做好新媒体，我也让自己始终处于学习状态，如今剪辑、作图、运营、带货、文案写作能力全方位提升。这些实用的技能点，也将伴随我终生。

这一切如果单纯以赚钱为目的，我未必能够走到今天，我想用我的经验给你几条成长建议，相信未来不管你在写作领域选择走哪条路，都一定会得到启发。

如果足够喜欢，就去做。

如果没有互联网，没有接触新媒体写作，我可能只是一个打拼在一线、在基层工作的普通医生。每天过着朝九晚五随遇而安的生活，似乎是最好的职业选择。但我不喜欢这样一眼望到头的生活，总是想做点什么来证明自己的价值。

2016 年刚刚结束保研答辩的我，把堆在一起有书桌那么高的保研资料尽数送给了师弟。在短暂的刷剧、聚餐后，我决定创造一个属于自己的奇迹——开通第一个微信公众号"不畏青年"。创号初期我一心扑在写作上，为内容抓耳挠腮过，为数据焦虑抓狂过，为恶评伤心不解过，为认同欢呼雀跃过。但不得不说，那段沉浸式表达的日子，是我最开心的时光。只是因为单纯地喜欢做这件事，就要将这件事做好。

如果你有一件超级想完成的事，不要在出发前过于忧虑结果。去做吧，当下的一个念头很可能就是未来全面开花的事业。不去做怎么知道自己行不行呢？如果在前进的路上，他人的言论、重重的困难真能成为你前进的阻碍，那么只能说明你不够热爱。

做赚钱的事，更要做值钱的事。

我认识很多小伙伴，为了写作赢利不停接稿子，压榨每一分钟的时间变成钱。我也有过一段不愿意停下来的日子，想要努力抓住一切可能给自己加分的东西，无论是否走弯路都当作经验。事实上这样拼命效率并不高，它只能让我在短时间内的收入小幅度提升。

后来我开始学习如何运营、如何做知识付费、如何打造个人 IP，我也去学了很多市面上的课程，付费去链接能量更高的人。虽然花费了近十万的学费，但这个过程也让我认识到一个道理——"做赚钱的事，更要做值钱的事"。留出时间沉淀和思考远比不停前进更重要。也许你觉得 5 位数的社群门票很贵，但我通过它打通了商业逻辑，链接了业内的同行，在短短一个月内实现了 7 位数的收益。

有越来越多的小伙伴来问我："理白，我也会写作啊，为什么我没有这么多资源？也没有你这么好的运气？"实际上，运气大多来自厚积薄发，需要日复一日地积累。如果你是写作新手，如果你想进入这个行业，我建议你不要着急想着多赚钱，给自己留出足够的时间思考，做好当下每一步要做的事。你可以通过看书、知识付费和向他人请教不断地修正自己前进的方向，在短时间内走得更稳，走得更远。

去链接属于你的人脉网。

有一句老话说："10 岁比智力，20 岁比体力，30 岁拼专业，40 岁拼人脉。"虽然新媒体可以让很多没背景、没人脉的人白手起家，但想要走得更远你需要认识更多的人。通过前期的积累、实践，你已经有足够的专业能力让你立足于行业内，这时候你需要有意识地为他人提供价值，放大自身的能量。

势单力薄的一个人很难成气候，你不表达，不展示自己，就很难让更多人知道你的能力，从而在这个信息化的时代寸步难行。我在加入优质社群后，也认识了很多各行各业的精英，彼此交换了资源、碰撞了认知，这不仅为我带来了更多机会，也让我自身飞速成长。

说到这里，你也许会问我：如何去链接呢？主动就会有故事。先问问自己的目标，问问自己想要链接到哪一个领域的人？如何才能够找到他们？然后马上去做，靠近他们，为他们提供价值，从他们身上获取你想要的资源。

大部分的焦虑和内耗，都来自对未来的不确定，而解决这些问题的唯一办法就是找准方向，脚踏实地向前走。接近光，成为光，散发光。相信未来你一定能成为你想成为的模样。

后　记

用写作杠杆，撬动整个人生

我是一个被写作改变命运的人。

如果没有写作，那么我的人生将会是如何呢？也许会是找到一份简单的工作，过着一眼望得到头的人生；可能心中还会有一些不甘。

而写作为我带来了什么呢？

过硬的写作技能，说"不"的底气，奔赴远方的行动力，还有以"理白"这个笔名，以"理白先生"这个自媒体号为自身带来的影响力。

这本书，我想献给三类人。

第一类，是像我一样的普通人，想靠写作改变命运、实现梦想的人。在这本书里，有我多年的写作经验、实操工具和写作方法，希望本书可以与你并肩立，送你上青云。

第二类，是热爱写作的人。本书助你从小镇青年到一线大咖，从默默无闻到被主流媒体宣传。本书会为你的写作之路，保驾护航。

第三类，是爱我的每一个人。

感谢我的父亲长江（小提琴演奏家）和母亲佳霖（心理学教授），是你们赋予了我感性的触角和理性的逻辑，让我很早就能触碰文字之美，拥抱表达之魂。

感谢我的写作启蒙老师，田青青（《向阳生长，不负此生》作者），没有她的指导和帮助，就没有这本书的策划和问世。感谢我的前同事，舒丽老师（《我想和你好好的：在沟通中改善亲密》作者），她用写作开启疗愈人生，我用写作撬动商业杠杆，我们都在不同的写作细分领域闪闪发光。

感谢在我写作初期给我提供主编岗位的 Kris 叔（《引爆自律力》作者、一行 DoMore 创始人）和王靖老师，他们为我搭建写作平台，助我崭露头角，带我看到了更宽广的世界。

感谢一路走来，见证彼此成长的写作者，丫丫、江小渔、琳琳柒、悄然微笑、小喵、安歌、金鱼、七月、悬溺、小野寺墨、邓某人、狐狸、公子、余伞，你们的名字依旧闪耀在各个媒体平台上，能成为你们同行路上的朋友，我备感荣幸。

感谢因为写作而结识的每一位内容创业者和互联网工作者，梁靠谱、武士零、芷蓝、张可粒、杨涛、花爷、亦仁、狗哥、粥左罗、易洋、明白、拱卒、阿猫，是你们让我知道，内容力和创造力，才是一切商业逻辑的基石。

最后感谢比比，深度参与和陪伴了我写书的整个历程；感谢小鹿和茵茵，为新书的素材、细节和内容把控，提供了巨大的帮助和支持。

愿我们都能用写作做杠杆，以梦想为基点，撬动整个人生。